MÉMOIRE

RELATIF

A L'ARMÉE ROYALE DU MAINE;

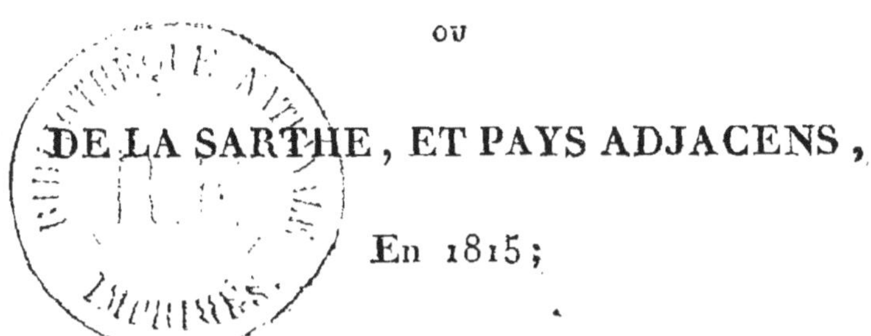

OU

DE LA SARTHE, ET PAYS ADJACENS,

En 1815;

Avec des observations générales sur les négociations qui furent entamées par le gouvernement de Buonaparte sur les deux rives de la Loire, aussitôt que l'appel aux armes y fut fait au nom du Roi.

PARIS,

IMPRIMERIE DE LE NORMANT, RUE DE SEINE.

1816.

MÉMOIRE

RELATIF

A L'ARMÉE ROYALE DU MAINE.

Le 16 mai 1815, le comte d'Ambrugeac reçut, au nom du Roi, et de S. A. S. Mgr le duc de Bourbon, l'ordre de commander comme maréchal-de-camp, et d'enlever à l'usurpateur le département de la Sarthe et pays adjacens.

Pouvoirs donnés au général comte d'Ambrugeac, au nom de Mgr le duc de Bourbon, pour commander le département de la Sarthe et pays adjacens.

Cette commission lui fut donnée par M. le chevalier d'Andigné, qui, lors du départ de Mgr le duc de Bourbon, avoit reçu le pouvoir de déléguer, au nom de ce prince, de semblables commandemens. (*Voyez la Pièce n.° I.*)

Le général d'Andigné, en conférant au comte d'Ambrugeac le pouvoir de commander dans la Sarthe, lui dit qu'il ne pouvoit lui procurer aucuns moyens; qu'il fît de lui-même tout ce qu'il jugeroit convenable pour faire triompher la cause du Roi; qu'il éprouveroit beaucoup de difficultés pour sa levée; que quant à lui, il entreroit en campagne dès le lendemain, 17 mai, que, depuis un mois, il avoit préparé et organisé près de quatre mille hommes dans le Craonois, tous gens actifs et dévoués, et qu'avec cette masse il le soutiendroit.

Le général d'Ambrugeac quitta le chevalier d'Andigné le 16; il se voyoit chargé d'un pays qui, par sa situation, étoit comme l'avant-garde des armées des deux rives de la Loire, et en devoit couvrir les opérations ou être traversé le premier par les armées ennemies.

Il résolut de presser sa levée royaliste, et de frapper, tout en la faisant, des coups prompts et audacieux, afin de faciliter les mouvemens de la Vendée et de la Mayenne, se réservant d'agir selon l'accroissement de ses forces, et les circonstances.

Il donne les ordres aux chefs de divisions.

Le 17 mai, il donna des ordres sur les frontières du département de la Sarthe, depuis Briolay jusqu'au château du Loir; il s'aboucha avec M. de la Roche-Bousseau; donna rendez-vous à son château, près la Châtre, aux principaux chefs des royalistes du Mans, qui ne purent y venir.

Le 18, il fit venir M. Guyot de la Poterie,

lui donna le commandement du Perche et de la frontière du Loir, et pays adjacens.

Le 19, il vit le général Tranquille, lui donna le commandement du pays depuis la Sarthe jusqu'au Mans; et à M. Bernard, celui du sud du département de la Sarthe et frontière du Maine. Tous reçurent ordre de rassembler les fidèles sujets du Roi, et de se tenir prêts à se porter où le général l'ordonneroit.

Le 19, au soir, il manda au rassemblement du canton de Briolay de venir le joindre près Durtal, au passage du Loir. Vingt-cinq hommes, levés et armés par MM. de Gastines (frères), gentilshommes d'Anjou, furent les premiers qui se rendirent sous les bannières royales; M. Eugène de Beaumont les accompagnoit : le général d'Ambrugeac comptoit sur deux cents hommes. La levée de bouclier étoit faite, et à une lieue des ennemis, en garnison à Durtal; il falloit la soutenir.

Le 19 mai, commencement des hostilités.

Il conduisit ces vingt-cinq hommes dans le Seignelay, y fut joint, dès le lendemain, par trente volontaires, levés aussi par MM. de Gastines, et conduits par M. de Maussabré, que le général avoit envoyé dès le 16 mai chez ces officiers.

Avec quatre-vingts hommes, il établit son

Quartier-général au château de la Benerie, près Durtal.

quartier-général au château de la Benerie, à deux lieues de Durtal, sur une hauteur dominant tout le pays; il prit de telles mesures militaires qu'il en rendit toutes les approches inaccessibles, et fit croire qu'il avoit une force considérable. Il y fut joint, dès le lendemain 21, par quarante hommes, levés par M. Eugène de Beaumont, et le même jour par cinquante autres, conduits par M. Bory.

Le 22 il marche sur Moranes. Son plan de levée et d'attaques simultanées.

Le 22, dès la pointe du jour, il quitta la Benerie; et avec cent soixante hommes il marcha sur Moranes (sur la Sarthe), et envoya de suite l'ordre aux commandans des divisions de se diriger sur ce point. Son plan consistoit à réunir toutes les forces disponibles, dès le principe de la guerre, et à les faire mouvoir en masse, sous ses ordres directs; à faire une guerre régulière, soutenue par les localités et l'opinion du pays, et à se porter rapidement dans tout le département, pour y faire lever toute la population en peu de jours.

Arrivé près Moranes, il apprit que cent vingt hommes de ligne y étoient entrés depuis une heure; il se disposoit à les attaquer, quand ils partirent en toute hâte et se rendirent à Sablé.

Il entre dans Moranes, et y fait venir

Entré à Moranes, il manda à M. Gaulier, chef de division de l'autre côté de la Sarthe, de lui amener toutes ses forces; il l'avoit fait prévenir, le 20, de se tenir prêt. M. Gaulier lui amena quatre cents hommes pendant la nuit.

M. Gaulier, avec quatre cents hommes de la Mayenne.

Il se mit en marche, avec six cents hommes, sur Précigné, afin de connoître parfaitement la situation et les forces de Sablé. Il se disposoit à attaquer cette ville; mais M. Gaulier lui exhiba un ordre de M. d'Andigné (venu de Segré la veille au soir) de marcher sur Laval.

M. d'Ambrugeac lui demanda inutilement de lui laisser cent hommes. Une alerte ayant été donnée à l'instant où M. Gaulier se séparoit, et les rapports annonçant que la garnison de Sablé se dirigeoit sur Précigné, le général d'Ambrugeac fit battre la générale, marcha rapidement à la rencontre de l'ennemi, qui se renferma dans Sablé.

Voulant profiter de l'ardeur extrême de la troupe, il avança au pas de charge sur la ville; les ennemis, effrayés, songeoient déjà à l'abandonner, ce qui auroit donné à la levée royaliste une grande influence, d'autant plus que tout le monde étoit étonné de ce début prompt et inattendu.

Il marche sur Sablé, où étoient trois cents soldats ennemis.

Mais M. Gaulier arrêta ce mouvement, en demandant, devant la troupe, au comte d'Ambrugeac, d'assembler un conseil de guerre, et disant qu'il s'opposoit à ce qu'on entrât dans Sablé.

Le comte d'Ambrugeac assembla les officiers, et leur dit :

Assemblée d'un conseil de guerre, en vue de Sablé, sur la demande de M. Gaulier, qui fait décider, malgré l'opinion du général d'Ambrugeac, qu'on n'attaquera pas Sablé.

« Messieurs, sur la demande de M. Gaulier, » je vous assemble pour vous dire que mon » plan est d'entrer dans Sablé, où l'ennemi est » consterné de notre mouvement. Les rapports » sont qu'il se dispose à l'abandonner si nous » y pénétrons. J'entrerai à votre tête, au pas » de course ; nous serons maîtres de la ville ; » j'enverrai sommer le château par M. de » Maussabré ; et je vous réponds du succès ; il » fera honneur aux armes du Roi, et à la ré- » putation de notre petite armée.

» Etant à cheval sur la Sarthe, nous cou- » vririons toutes les opérations des royalistes de » la Mayenne qui pourront se former, et venir » toujours derrière nous occuper les pays que » nous aurons enlevés à l'ennemi.

» Je me retire, pour vous laisser opiner. »

M. Gaulier et ses quatre cents hommes se séparent de M. d'Ambrugeac, en alléguant un ordre de

M. Gaulier entraîna la majorité de ses officiers, et, à la vue de Sablé, il emmena sa troupe, disant qu'il se rendoit à Laval. Cependant il alla à Parcé, cinq lieues de Sablé, du côté opposé à Laval, y resta deux jours, et rentra dans les environs de Moranes, de l'autre côté de la Sarthe.

M. d'Andigné, de marcher sur Laval, où ils ne sont nullement dirigés.

Depuis ce moment, le comte d'Ambrugeac ne put jamais obtenir de secours, ni même de communication avec les troupes royales de la Mayenne.

N'ayant plus que cent quatre-vingts hommes, il se rendit à Vilaines, département de la Sarthe, où il avoit donné rendez-vous au corps que devoit emmener le général Tranquille. Le lendemain, ayant reçu la nouvelle de son arrivée, il lui ordonna de rester à une demi-lieue, et envoya les cent soixante hommes (moins vingt-cinq, qui restèrent près de lui avec M. le chevalier de Gastines) pour garder les pays déjà évacués par l'ennemi, et pour s'y renforcer.

Le général renvoie la 1re division dans le pays déjà évacué par l'ennemi, et joint la division Tranquille, à Vilaines.

Il passa donc, avec vingt-cinq hommes, à la division Tranquille, qu'il croyoit forte de quatre cents hommes au moins; il n'en trouva que soixante-dix; mais, parmi eux, étoient MM. de Sainte-Croix, Bignon, Bezard, Delaporte, Debret, Renon, Brion, Demorand père et fils, et d'autres, qui, dès le commencement, avoient rejoint les rangs des royalistes : ils ne les quittèrent plus, et se distinguèrent dans toutes les occasions.

Le général Tranquille, si connu par son constant dévouement depuis vingt ans pour le Roi, lui voua un attachement et une confiance cimentés par le zèle le plus parfait.

Pour aguérir la troupe, il attaque l'ennemi dans la Suze, l'attire dehors, le bat et le fait rentrer avec perte. Il fait intercepter les communications entre le Mans et Angers.

Le général d'Ambrugeac prit toutes les mesures pour grossir sa troupe.

Il fut joint, dès le lendemain, par quatre-vingts hommes, conduits par M. Simon et les trois frères Morin (de Noyen).

Il étoit à Saint-Jean du Bois, lorsqu'il apprit que les ennemis sortoient de la Suze pour venir l'attaquer. Il marcha, avec même force, contre lui, l'attaqua, le fit rentrer dans la Suze avec perte de plusieurs hommes; le combat dura une heure, et content d'avoir aguerri sa troupe, il la conduisit à Mezeray, envoya intercepter plusieurs fois toutes les grandes routes, et força la garnison du Mans de faire escorter, par détachemens de quatre cents hommes, à pied et à cheval, les malles et courriers.

Au 1er juin l'armée étoit maîtresse du pays le long du Loir, depuis Briolay, et le long de la Sarthe jusqu'à Sablé, Noyen, la Suze, Château-du-Loir

Les royalistes, au 1er juin, étoient déjà maîtres de tout le pays, depuis Briolay jusqu'à Sablé, le long de la Sarthe jusqu'à la Suze, et depuis les environs du château du Loir jusqu'aux environs de Mayet et Lucé; l'ennemi n'osoit plus sortir de la Flèche ni du Mans.

Malheureusement, on ne recevoit aucune

nouvelle du général d'Andigné, qu'on croyoit être à la tête d'une force imposante dans la Mayenne, ni de M. Guyot de la Poterie, qui devoit amener des renforts du Perche, d'Indre et Loire, de Blois, et de Vendôme.

et environs de Mayet.

Etonné de cette inaction, le général résolut de continuer ses efforts, espérant qu'ils appelleroient ceux des autres corps royalistes, et qu'au moins ses succès, soutenus par la prudence, leur donneroient le temps de se rassembler et d'agir.

Informé, le 2 juin, que trois malles et quelques généraux, escortés par quatre cents hommes, devoient passer sur la grande route à huit heures du soir, au lieu dit le Point-du-Jour, il se rendit à Courcelles avec quatre cents hommes, pour y faire ses dispositions, établit une forte embuscade, et se tint, avec deux cents hommes de réserve, à portée de fondre sur la troupe en désordre. De faux rapports ayant fait croire que l'escorte avertie étoit restée à Foulletourte, pour y passer la nuit, l'embuscade fut levée, et la troupe réunie, traversant la route, se dirigeoit sur Saint-Jean de la Motte pour y passer la nuit.

juin. Affaire du Point-du-Jour.

L'arrière-garde étoit encore sur la grande route, lorsqu'elle envoya dire que l'escorte étoit à cinquante pas derrière elle, précédée par quatre-vingts hommes de cavalerie. A l'instant, le général prit ses dispositions, fit faire halte à la troupe, forte de quatre cent cinquante hommes, et ordonna à l'arrière-garde de faire volte-face.

M. de Maussabré arrête l'ennemi, en criant : *Qui vive ?* Sur la réponse, *Français ! Quels Français ?* s'écria-t-il. *Français de l'empereur !* En ce cas, Messieurs, tirez donc, ou criez *Vive le Roi !*

Ce trait qui rappelle celui de Fontenoy, étoit conforme aux ordres que le général d'Ambrugeac avoit donnés dès le commencement de la campagne, de ne jamais tirer les premiers.

L'ennemi ayant déjà rangé trois cents hommes d'élite, plaça le reste en réserve. Après un combat très-opiniâtre, cinquante officiers de l'état-major, à cheval, mirent en déroute la cavalerie, qui entraîna l'infanterie ; elle se retira, laissant plusieurs morts sur la place. La nuit sauva d'une entière destruction cette escorte, qui se rendit en toute hâte au Mans.

Le général Tranquille, M. de Maussabré, le chevalier de Gastines, se distinguèrent ; celui-ci eut un cheval tué sous lui, au milieu de l'ennemi.

MM. de Sainte-Croix, Bignon, Debret, furent toujours à la tête de la charge.

M. de Delaporte saisit par les cheveux le commandant de l'escorte, le terrassa de son cheval; et lui mettant l'épée sur la poitrine, lui fit demander la vie, mais attaqué de suite par un grand nombre d'ennemis, il fut obligé de le laisser se relever. Il tua deux gendarmes à cheval.

M. de Bria, au milieu de l'ennemi, tua un soldat qui l'avoit blessé d'un coup de baïonnette à la poitrine.

Les deux cents volontaires royalistes, ainsi que les officiers à cheval, se distinguèrent à l'envi les uns des autres.

Le général d'Ambrugeac voulant profiter de l'effroi des ennemis, et continuer ses succès, en donna avis au général d'Andigné ; ne recevant aucune nouvelle de ce général, ni des armées royales, de l'autre côté de la Sarthe, il résolut, en attendant, d'augmenter ses forces et sa position, et de se procurer des munitions et des effets d'habillemens pour sa troupe.

Le Mans, la Flèche, demandent des renforts à Paris.

La Flèche menacée n'osoit plus faire sortir un seul homme. Le Mans étoit consterné, et demandoit à Paris des renforts. On fortifioit et on palissadoit ces deux villes, ainsi que Sablé.

Le comte d'Ambrugeac projeta dès-lors de prendre la Flèche. Il espéroit qu'ayant enlevé par surprise cette ville, qui étoit bien fortifiée, il seroit enfin soutenu par l'armée de la Mayenne, beaucoup plus nombreuse que la sienne; que l'on pourroit enfin presser Angers, et faciliter aux armées vendéennes le passage de la Loire, et la réunion avec celles de la rive droite.

Le 9 juin, n'ayant aucune nouvelle du chevalier d'Andigné, le général attaque et prend le Lude de vive force, pour se rapprocher de M. G. de la Poterie, et des pays dont il attendoit des renforts.

Il résolut aussi de prendre le Lude sur le Loir, afin de s'approcher aussi de la division de M. Guyot de la Poterie, et des secours qu'il attendoit de Tours, de Blois, de Vendôme, et pour aguerrir encore plus sa troupe.

Étant donc à Courcelles, le lendemain de l'affaire du Point-du-Jour, il envoya l'ordre à la division Bernard, qui s'étoit reposée et renforcée dans ses cantonnemens depuis le 22 mai, de se porter rapidement sur le Loir, à Luché. Le 6 au soir elle y arriva, forte de deux cent quatre-vingts hommes.

Le général d'Ambrugeac fit jonction le même jour, avec cinq cents hommes, et à deux heures du matin se dirigea sur le Lude, éloigné de trois lieues de Luché.

Un émissaire envoyé au Lude, pendant la nuit, rejoignit l'armée à une lieue de la ville. Son rapport fut que tout étoit tranquille, et qu'on ne feroit aucune résistance. Le général pressa la marche. Etant arrivé en vue du Lude, il fit partir un piquet de vingt cavaliers, sous les ordres du chevalier de Gastines, pour s'emparer du pont sur le Loir, qui étoit de l'autre côté de la ville. Ce mouvement ne pouvant s'opérer qu'en la traversant, fut parfaitement exécuté, pendant que l'armée pressoit sa marche.

Tout paroissoit se passer tranquillement, aucune hostilité n'avoit été commise contre le détachement traversant la ville; mais ce n'étoit que pour mieux cacher la défense que méditoient les fédérés.

En effet, l'avant-garde étant à cinquante pas de l'entrée, fut arrêtée par une vive fusillade, pendant laquelle les retranchemens pratiqués à l'entrée des rues, et dans toute leur longueur, ainsi que les fenêtres de la grand'rue, furent occupés par les ennemis pour tirer à bout portant. Le général donna l'ordre d'avancer, et se mit à la tête de l'avant-garde, et au pas de charge, entra, suivi de l'armée, dans les retranchemens qui furent emportés.

Le capitaine Baudrier (de Durtal) qui reçut la première décharge en entrant, y eut un œil percé d'une balle, et refusa de se retirer.

« J'y vois encore, s'écrie-t-il : en avant ! » Il continue de se battre, et un instant après il est frappé à mort, et n'a que le temps de crier *vive le Roi !* avancez mes amis ! Il étoit père de sept enfans, et très-estimé dans son pays. Le capitaine Bory eut l'épaule cassée à l'avant-garde, où il se distingua particulièrement. Le capitaine Guillemain eut la jambé fracassée ; quinze volontaires furent blessés.

Prise du Lude.

Le général, constamment à la tête de la troupe, parvint, malgré le feu croisé de toutes les fenêtres à bout portant, et de deux retranchemens, jusqu'à l'autre extrémité de la ville. Elle alloit être victime du juste ressentiment des royalistes, qui vouloient se venger d'une si perfide résistance. Le général les força au silence, rétablit l'ordre, fit sortir une grande partie des habitans, et les conduisit, au milieu des soldats, de l'autre côté de la rivière ; défendit, sous les peines les plus sévères, de rentrer dans la ville, qu'il fit occuper par deux cents hommes, chargés de rechercher les habitans les plus coupables, et de les lui amener.

Il n'y eut aucune vengeance, ni vexation particulière ; et jamais, en pareille occasion, soldats ne furent plus soumis à leur chef avant, pendant, et après le combat.

Après être resté depuis huit heures du matin jusqu'à sept heures du soir dans cette position, le général voulant compléter cette glorieuse journée, et éviter toute possibilité de malheur pour cette ville égarée, et déjà repentante, il fit rentrer tous les habitans, garda vingt otages, emporta les fusils, la poudre, et des draps requis pour l'armée, et la conduisit à quatre lieues de là, au château de Fay.

Le lendemain, sur les rapports qui lui furent faits du repentir du Lude, voulant donner à ces pays un exemple salutaire de modération, faire chérir son Roi, et apaiser la fureur des rebelles partout où ils étoient encore maîtres de la vie et de la liberté des royalistes, il fit venir tous les otages, leur fit signer le reçu de sa proclamation (1), et les envoya au Lude; en exigeant d'eux de la faire afficher.

Cette conduite, et la discipline religieusement observée par l'armée à la prise de Lude,

---

(1) II. *Proclamation.*

Habitans du Lude !

Notre Roi, le modèle des souverains, est le père de ses peuples ; sa bonté est connue.

Comment avez-vous pu permettre à quelques gens égarés par de perfides conseils, de commencer la guerre

produisirent dans les provinces environnantes l'effet qu'en attendoit le général.

Acte de reconnoissance publique de la ville du Lude.

La ville lui en a témoigné sa reconnoissance par une adresse de remercîmens, le 19 août dernier (*Voyez la Pièce n°. III.*)

---

civile ? Nous ne la voulons pas, et nous entrions chez vous la crosse du fusil en l'air, en signe d'amitié.

Qu'aviez-vous à craindre des fidèles serviteurs d'un aussi bon Roi que le nôtre ?

Vous avez eu hier la preuve de la discipline et des sentimens qui dirigent l'armée royale ; vous avez vu son courage.

Vous étiez exposés à son juste ressentiment ; elle est restée obéissante et calme à la voix de son chef ; deux des maisons coupables du meurtre d'un de nos capitaines ont été justement punies. Ce brave homme est mort en héros. Il étoit père de sept enfans, et très-estimé dans son pays.

Habitans du Lude ! je pouvois vous punir. Je vous renvoie tous les otages que j'avois emmenés : puissiez-vous désormais donner au Roi des preuves de votre fidélité, et ne voir en nous que vos concitoyens, fidèles exécuteurs des ordres paternels, et vraiment français, de notre Roi.

Vous ferez demain matin un service solennel en faveur du brave Beaudrier, tué dans votre ville, et la présente proclamation sera affichée à la porte de votre église.

Ce 9 juin 1815.

Signé le général comte D'AMBRUGEAC.

Il est malheureux qu'une troupe aussi disciplinée, aussi exaltée, aussi pleine de confiance en son chef, n'ait pas été plus considérable ; jamais avant-garde d'une armée n'auroit été mieux choisie.

Le comte d'Ambrugeac, privé de toutes communications avec les royalistes de la Mayenne, quoiqu'il eût toujours eu soin de ne laisser entre eux et lui aucun ennemi, s'étoit attendu à trouver autour du Lude au moins quelques levées faites par M. Guyot de la Poterie : quelle fut sa surprise d'apprendre que, non seulement il n'en avoit fait aucune, mais qu'il avoit quitté son pays sans donner même aucun ordre ! Les pièces nº IV prouvent qu'en effet, il n'en a donné que le 28 juin, c'est-à-dire quand on eut connoissance de la défaite de Buonaparte, et même qu'il les contremanda le 2 juillet.

Mission de M. de Malartic dans l'ouest.

C'est ainsi que furent paralysés l'est de la Sarthe, le Vendômois, la Touraine et le Blaisois confiés à M. Guyot, comme on l'a vu : et cet officier, que l'armée trouva au Mans le 15 juillet, s'excusa, en disant que le général Malartic lui avoit écrit qu'il ne falloit pas prendre les armes.

C'est ici le cas de parler de la mission de M. de Malartic dans les provinces de l'ouest.

Il arriva au Mans vers la fin du mois de maï, avec MM. de la Bérodière et de Flavigny, chargés ostensiblement par le gouvernement de Buonaparte, d'empêcher les royalistes de prendre les armes contre lui.

M. de Malartic ayant été précédemment chef d'état major de M. le général de Bourmont, dans l'armée du Maine, voulut commencer l'essai de sa mission sur ce pays. Il y répandit les bruits les plus capables d'arrêter l'élan de cette fidèle province, débuta par insinuer que sa mission étoit autorisée par le Roi : il disoit dès les premiers jours de juin, que les chefs de la Vendée, et M. le chevalier d'Andigné, avoient accédé à une pacification. (Les lettres du préfet Paquier (1), et la notoriété publique au Mans,

---

V. (1) *Extrait d'une Lettre de M. Pasquier, préfet du Roi au Mans, à M. le général d'Ambrugeac.*

14 juin 1815.

Je vous serai très-obligé de nous envoyer toujours au lieu que vous indiquera le porteur, soit M. Simon ou Sainte-Croix, le plus tôt possible pour conférer avec moi sur un sujet important. Le passage de M. de Malartic arrête beaucoup de nos jeunes gens : il a annoncé qu'il étoit porteur d'un traité de pacification signé de MM. d'Andigné, Susannet et d'Autichamps ; dites, je vous prie, ce qui en est à cet égard à la personne que

et ailleurs le prouvent suffisamment). M. de Malartic réussit, ainsi qu'on le voit dans ces

---

vous m'enverrez. Il m'est très-important de connoître la vérité à ce sujet. Je vous la demande en toute confiance.

J'ai l'honneur d'être, etc.

Signé le chevalier ADRIEN. *

VI. *Lettre du même.*

15 juin 1815.

J'ai l'honneur de vous envoyer, par votre exprès, la lettre que je vous écrivois hier soir ; j'espère pouvoir vous amener plus que je ne vous promettois ; si j'attendois jusqu'à lundi prochain, j'aurois plus de monde, parce qu'alors M. de Malartic auroit fait réponse (aux choses relatives aux négociations annoncées par ma lettre d'hier). L'inaction de M. G. de la Poterie retient encore.

Signé le chevalier ADRIEN.

VII. *Lettre du même.*

16 juin 1815.

Les nouvelles contenues dans le Moniteur du 15, l'assertion de M. de Malartic à ce sujet, retiennent tous ceux qui étoient disposés à m'accompagner pour se réunir à vous. J'en reçois l'avis à l'instant ; ils veulent attendre le retour d'un exprès envoyé à M. d'Andigné, pour avoir la certitude à ce sujet. Je suis très-affligé de ce retard que je ne crois nullement fondé. J'irois aujourd'hui vous joindre seul, si je n'étois persuadé que ma présence ici est nécessaire pour décider à suivre votre bon

* Nom adopté par M. Pasquier, et sous lequel il étoit connu de tous les chefs *royalistes*.

lettres, à arrêter le zèle des Manceaux prêts à joindre leurs compatriotes réunis au général d'Ambrugeac; et il parvint à paralyser les

---

parti. C'est avec un vif regret que je me vois obligé d'attendre la réponse de M. d'Andigné. J'espère qu'elle ne retardera que de très-peu de jours ma réunion à vos braves. Je suis vraiment honteux de notre longue inaction.

Signé le chevalier ADRIEN.

VIII. *Lettre du même.*

17 juin 1815.

J'ai eu l'honneur de vous mander ce matin par un exprès le changement que le Moniteur a apporté aux dispositions des personnes décidées à se réunir à vos braves. Un exprès sûr a été envoyé à M. d'Andigné, pour savoir si les bruits de pacification, de reddition d'armes, de désunion parmi les chefs royalistes, étoient vrais : nul ne veut partir sans avoir l'assurance de la fausseté de ces nouvelles. J'en suis très-peiné. Je vous prie de me tenir au courant de votre marche, afin que je puisse vous mander le jour où enfin nous vous rejoindrons. Je ne négligerai rien pour vous apporter en même temps tout ce que je pourrai rassembler des objets qui vous sont nécessaires.

Deux soldats du 35e, Victor et Guyon, sont partis hier du Mans, en promettant d'assassiner les chefs royalistes de ce département. L'un d'eux porte des épaulettes de capitaine, etc.

Signé le chevalier ADRIEN.

pays à l'est de la Sarthe, par la stagnation de M. Guyot de la Poterie. Le général d'Andigné, qui avec huit mille hommes d'élite s'étoit réservé le commandement particulier du Craonois et de la Mayenne, fut malheureusement surpris pendant la nuit, à Segré, par quatre cents ennemis dès le début de la campagne. Cet échec, qui fut suivi immédiatement par l'arrivée du général Malartic dans l'Ouest, le fit accéder à ce système de stagnation. Il produisit l'isolement du général d'Ambrugeac, dont le commandement étoit entre la Mayenne et les pays qu'il avoit confiés à M.Guyot. Il est remarquable qu'aucune communication ne fut faite à M. d'Ambrugeac; on le croyoit facile à réduire, soit parce qu'il étoit étranger au pays, soit parce qu'on se flattoit de lui ôter son commandement, et de l'annuler par la défection, ou par l'envoi contre lui de forces supérieures (ainsi qu'on le verra dans la suite de ce rapport, pièces citées pag. 40 et 41).

Ainsi fut paralysée la rive droite de la Loire, depuis Ancenis jusqu'à Blois, Vendôme, Alençon, Laval, sauf le centre de la Sarthe qui fut isolé : M. de Coislin le fut aussi aux environs de Vannes, et M. Desol, dans le Morbihan.

Ce premier but de la négociation étant ainsi

rempli, M. de Malartic passa sur la rive gauche de la Loire à Nantes, et il y entama ses négociations avec d'autres chefs royalistes, auxquels il cita l'adhésion de M. le chevalier d'Andigné, etc. Les rapports de la Vendée doivent avoir aussi démontré, jusqu'à l'évidence, tout ce qui vient d'être dit. Le débarquement de M. de la Rochejacquelin avoit contrarié singulièrement les négociateurs. En effet, ils ne pouvoient se prévaloir de la prétendue autorisation donnée par le Roi à leur mission. On lui substitua le système ordinaire d'exciter des divisions et des jalousies. Les différens corps de la Vendée furent divisés, séparés; et tout en continuant les négociations, les troupes venues du Nord, passèrent la Loire; et les Vendéens dans les combats des 16, 18 et 21 juin, furent défaits par des forces beaucoup moins considérables que les leurs, si elles avoient été réunies, et si la totalité y eût pris part (1).

(1) Les combats livrés avant le 12 juin étant hors du sujet de ce Mémoire, on n'en fait pas mention. Les Vendéens et ceux de leurs chefs qui y prirent part, y montrèrent leur valeur accoutumée. On laisse à ceux qui rendront compte de ces évènemens, le soin de payer un juste tribut d'éloges et de regrets à la mort héroïque du loyal et malheureux la Rochejacquelin.

En même temps, M. le chevalier d'Andigné étoit dans le Craonois sans aucun rassemblement de troupes, et M. d'Ambrugeac occupé, tantôt à combattre, tantôt à fatiguer les nombreux renforts envoyés contre lui, ne pouvoit songer à soutenir la rive gauche ; il fut heureux de pouvoir rendre nuls les efforts de l'ennemi dirigés contre lui. MM. de Coislin et Desol restèrent aussi en armes dans leur pays, séparés de la Sarthe par la Mayenne, qui étoit aux ordres de M. d'Andigné.

Tels furent les moyens employés pour séparer les royalistes de la rive droite de la Loire, de ceux de la rive gauche, afin de parvenir, en les accablant les uns et les autres, au triste résultat de cette courte campagne, et à un traité qui a fait verser plus de larmes aux braves et illustres Vendéens, que leurs désastres de 1795.

Deux questions se présentent comme d'elles-mêmes, pour parvenir à la recherche exacte de ce qui a produit d'aussi fâcheux résultats.

1°. Les ordres en vertu desquels M. de Malartic et autres ont agi émanoient-ils du Roi?

2°. S'ils ne sont pas ceux du Roi, quel est donc le pouvoir qui les a donnés?

Non ! ils ne sont pas ceux du Roi. Témoins Les ordres en

vertu desquels M. de Malartic et autres ont agi, émanoient-ils du Roi?

les ordres envoyés de Gand le 12 juin, par S. M., à Mgr le duc de Bourbon ; témoins encore ceux donnés à Gand, et apportés le 8 juin à la Vendée, avec des munitions de guerre, par le brave et malheureux la Rochejacquelin.

Et dès lors, où sont les pouvoirs légitimes, authentiques du général Malartic qui ont pu engager M. d'Andigné et autres à leur sacrifier ceux bien précis et bien authentiques donnés par Mgr le duc de Bourbon, de par le Roi, et énoncés dans les délégations de pouvoirs signés et donnés par le chevalier d'Andigné lui-même ? (*Voyez la pièce no. I.*) Ils n'ont pu être détruits par les pouvoirs (*voy. le no.* IX) envoyés par le ministre de la guerre de Buonaparte au général Lamarque à Angers, en date du 7 juin. Et quoiqu'ils soient en réponse à une lettre de ce général Lamarque, du 5, sans doute que ce qui a rapport à M. d'Andigné a été demandé et accordé sans qu'aucune communication ait eu lieu entre lui et les ennemis.

Sans trop approfondir des motifs encore peu connus, il est certain que le résultat final a été que les troupes royales ont été malheureuses, comme cela devoit être, aussitôt qu'on s'est permis de remplacer les ordres du Roi par des ordres et des propositions qui n'émanoient pas de S. M. Les ordres du Roi étoient, ainsi qu'il résulte des délégations citées, et d'autres encore, d'enlever à l'usurpateur les provinces de l'ouest, et de faire la guerre à tout ce qui seroit en armes contre l'autorité légitime, et par conséquent, de réunir tous les efforts contre l'ennemi commun; de soutenir dans un même plan de défense et d'attaque, les deux rives de la Loire levées en même temps. Les propositions des négociateurs et du général Lamarque étoient tout-à-fait contraires, et tendoient à isoler, à séparer les deux rives de la Loire, les différentes provinces et chefs, et à les faire parjurer, en acceptant la pacification, où l'autorité de l'usurpateur étoit reconnue de droit, puisqu'il y avoit amnistie.

M. de Malartic et autres peuvent avoir été trompés. On leur a sans doute inspiré de fausses terreurs pour les fidèles serviteurs du Roi; ils n'ont pas aperçu le piége qu'on tendoit à leur crédulité. Il est évident qu'on ne les choisissoit que pour mieux tromper leurs anciens compagnons d'armes, et qu'ils n'ont ni connu la force des provinces de l'ouest, ni la crainte qu'avoit Buonaparte de l'emploi vigoureux de cette force, ni la foiblesse de celle qu'il pouvoit lui opposer.

Tels furent les conséquences de la mission de M. de Malartic et autres.

S'ils ne sont pas ceux du Roi, quel est donc le pouvoir qui les a donnés?

Mais si le Roi n'a pas donné de tels ordres contraires à ceux qu'il avoit donnés antérieurement et postérieurement à la mission de M. de Malartic, quel est donc le centre, le pouvoir d'où les ordres sont partis, et dans quel but ont-ils été donnés?

Peut-on dire qu'ils sont partis d'un comité secret et royaliste, qui a craint pour l'Ouest les mêmes revers dont il fut accablé en 1795?

Cela ne peut pas être. Ce comité secret ne pouvoit autoriser M. de Malartic à se prévaloir comme il l'a fait, du caractère ostensible de négociateur avoué et soutenu par toutes les autorités civiles et militaires de Buonaparte. (*Voyez la pièce, n°. X.*)

Mais peut-être dira-t-on que ce comité confidentiel s'entendoit avec une partie du ministère de Buonaparte? Dans ce cas, ce comité a été étrangement trompé par ces prétendus serviteurs du Roi; ou bien, ils l'ont tous été, et les uns et les autres, s'il n'y a point de perfidie.

Les pouvoirs contenus dans la pièce n°. IX, donnés au général Lamarque, sont du ministre de la guerre, avec approbation, y est-il dit, de l'empereur. C'étoit donc bien positivement un ordre émané de Buonaparte. Et il n'avoit pu lui être caché ; car le général Lamarque a prouvé depuis qu'il exécutoit ses ordres hostiles contre la Vendée, reçus sans doute postérieurement à ce pouvoir du 7 juin. Et en admettant que le ministre de la police générale de Buonaparte, forcé de participer ostensiblement aux actes et délibérations du conseil des ministres, ait voulu sincèrement paralyser lesdits actes, signés par lui, il est prouvé, par les faits, par la correspondance directe de Lamarque avec le cabinet de Buonaparte, par les ordres qu'il a reçus, l'envoi de toutes les troupes disponibles; il est prouvé que ce ministre a voulu ce qu'il n'a pu et ne pouvoit seul empêcher, et que les instructions confidentielles données à M. de Malartic et autres, étoient illusoires et préjudiciables à la cause royale.

Et ce n'est pas après l'événement qu'il faut chercher les preuves de cette grande erreur, ni celles de l'inutilité des efforts et du dévouement des royalistes de l'Ouest, ainsi que voudroient le faire croire ceux qui les ont paralysés; mais c'est dans la situation réelle de la France, depuis le départ du Roi, jusqu'au commencement des hostilités du nord.

En effet, le 15 mai, la levée générale des royalistes ayant eu lieu avec l'enthousiasme digne de ces nobles provinces, un rassemblement de quatre-vingt mille hommes armés pouvoit être fait et porté entre Rennes, le Mans et Saumur, couvrant ainsi tout l'Ouest. (Les rapports faits depuis le retour du Roi, par M. d'Andigné et autres chefs, prouvent que tel étoit, au moins, le nombre des royalistes disponibles et prêts à marcher.) Ce mouvement important pouvoit avoir lieu avant le 1er juin, et avant l'arrivée de tous renforts ennemis.

Cette époque du 15 mai avoit été très-sagement choisie pour la prise d'armes, et conduite avec beaucoup de mystère. *Buonaparte et son ministère*, surpris par cette levée inattendue, sachant bien qu'ils ne pouvoient y opposer de troupes suffisantes, eurent recours à ce plan de perfides négociations. Ils ne virent rien de mieux que d'employer des royalistes trompés, pour désarmer des royalistes. Le fait est que, sous les yeux des négociateurs, on a envoyé dans l'Ouest toutes les forces dont on pouvoit disposer. On les dirigea aussitôt sur la Loire, en les faisant précéder de négociations, et on leur ordonna de passer ce fleuve, et d'écraser la Vendée. C'est alors que les négociateurs, crédules instrumens de cette fourberie, virent combien avoit été illusoire ou perfide la mission qu'on leur avoit confiée pour arrêter la guerre civile. Elle eut lieu sous leurs yeux dans la Vendée et dans la Sarthe, dans la Loire-Inférieure et le Morbihan, mais quand les rebelles furent maîtres de choisir les lieux et les temps. M. de Malartic et autres étoient, selon la lettre n°. X, près des généraux de la Vendée, le 21 juin, après les divers combats; et ce qui est inconcevable, c'est qu'ils n'ont pas lâché prise, jusqu'à ce que le traité de pacification et amnistie ait été signé le 26, et même jusqu'au 28, où il a été ratifié, et qu'ils n'ont pas averti leurs braves et malheureux compagnons que Buonaparte avoit été vaincu, et que sa crédule armée avoit été victime de son aveugle dévouement. Cependant, cette nouvelle leur étoit parvenue; on la connoissoit le 19 à Paris, et le 21 ou le 22 au quartier-général dont ils avoient la confiance. Leur correspondance étoit libre avec Paris, et celle des malheureux chefs royalistes ne l'étoit pas.

Cette époque du 15 mai étoit d'autant mieux choisie pour le soulèvement, que déjà les troupes de Buonaparte avoient reçu l'ordre de leur destination vers le Nord. Elles n'étoient pas en force dans le Midi, et Buonaparte ne pouvoit se décider à tout quitter pour venir lui-même combattre les royalistes. Ses chambres et ses ministres s'y seroient opposés, à raison du danger pressant du nord. Et s'il avoit pris ce parti, quelle gloire réservée aux provinces de l'Ouest, que cette lutte de la fidélité contre l'usurpateur ; elles pouvoient le vaincre, ou l'enfermer, en manœuvrant, temporisant, et attendant les secours prompts des alliés du Roi, mais surtout ceux des autres provinces, excitée par ce noble exemple!

Voilà précisément ce qu'on vouloit empêcher, afin de refuser au Roi, à la France, l'honneur et la consolation d'avoir été défendu glorieusement par ses fidèles enfans, et de pouvoir les présenter avec orgueil à l'Europe armée pour la même cause, et à la postérité, toujours juste ; en effet, tout prouve qu'en 1815 les nobles provinces de l'Ouest auroient enfin, par un grand succès, couronné leurs longs, pénibles et dangereux efforts.

Mais loin de là, la France fidèle n'a pu se présenter que comme étonnée d'avoir vu l'Europe arriver avant qu'elle ait même formé ses bataillons royalistes, qui partout désiroient s'affranchir d'un joug évidemment forcé et honteux,

On diroit que tant de machinations n'ont été dirigées partout, mais principalement contre l'Ouest, que pour consoler la révolution expirante, en lui faisant voir, à ses derniers momens, son ancienne rivale, accablée de chagrins et de regrets d'avoir été trompée.

Mais sans recourir à des métaphores, qui ne sont pas du ressort de ce Mémoire, on diroit que tout ce qui a été fait contre la Vendée, avoit pour but de justifier cette assertion si audacieusement publiée pendant l'interrègne, pour tromper l'Europe et le Roi, que la France étoit ou corrompue, ou infidèle, ou indifférente pour son légitime souverain. On espéroit, en paralysant l'Ouest, citer comme preuve première son peu d'ensemble, son peu d'enthousiasme, et ses foibles efforts. Il ne restoit alors de Français puissans, capables, que ceux qui avoient l'art de faire marcher ou révolter la nation, et c'étoit avec eux qu'il falloit transiger, négocier; et c'étoit à eux à délibérer, de concert avec les alliés, sur les conditions auxquelles seroit admis un Roi dans ses Etats. Que ces tristes résultats soient dus à la perfidie ou à l'erreur seulement, ils n'en sont pas moins conformes à ce que nous avons vu dans cette mémorable campagne.

L'intérêt de l'Etat semble exiger que les négociateurs expliquent le but et les moyens de leurs missions, leurs pouvoirs, en un mot, qu'ils rendent compte de ce qu'ils ont fait (1).

Continuons le rapport des opérations relatives à l'armée de la Sarthe.

La division Bernard abandonne l'armée.

Après la prise du Lude, le général d'Ambrugeac fut très étonné de ne point entendre parler de M. G. de la Poterie, à qui il avoit donné le commandement des pays environnans.

Il étoit depuis vingt-quatre heures au château de Fay, chez M. d'Andigné, parent du général de ce nom, lorsque rapports lui furent faits que la division Bernard vouloit retourner vers son pays. Il se dirigea donc sur la Tuilerie, située au milieu de plusieurs grands bois (près Précigné), se rapprochant ainsi de la Mayenne. Presque tous les soldats de la division Bernard étoient

(1) L'objet de ce mémoire ne traitant que des faits depuis le 16 mai 1815 jusqu'au 28 juillet, on n'a pu parler du départ de Beaupréau, de Monseigneur le Duc de Bourbon ; mais il y a trop d'analogie et de rapport avec tous les événemens postérieurs, pour qu'on ne soit pas convaincu de la nécessité d'établir, en un seul corps d'observations, les faits, les ordres antérieurs et postérieurs au 15 mai. On y verra les causes du départ de ce Prince, ses ordres, ceux qu'on y a substitués. On jugera si la pa-

ralysie dont fut frappé l'Ouest par le départ de ce Prince, n'a pas dû être suivie d'une rechute lors de l'admission du principe de négociation au 1er juin.

Mais qu'il soit permis de lever enfin le voile dont on a couvert l'Ouest : ce seroit un jour de bonheur pour les provinces à qui furent confié un prince du sang, digne héritier des Condé, dans toutes ses actions, ses paroles, ses ordres, et gémissant sur l'isolement où on le laissa au milieu de la terre de la fidélité. On verroit alors que les braves Vendéens furent tenus dans une entière ignorance de ce qui étoit, de ce que le Prince vouloit ; qu'on les représentoit comme indifférens, quand ils avoient un Bourbon au milieu d'eux, eux qui se seroient fait exterminer pour faciliter le débarquement d'un Prince de cette Famille, objet de toutes leurs affections. On a vengé la France du crime de régicide, Paris de toute coopération au départ du Roi, le Midi de la perfidie qui arrêta le noble et brillant début de Monseigneur le Duc d'Angoulême ; par quelle fatalité laisseroit-on planer sur l'Ouest, toujours si valeureux, si fidèle, un doute pénible, pendant que Monseigneur le Duc de Bourbon y étoit ! Ce Prince, si parfait, si plein d'honneur, si digne de sa réputation, ne l'avoit-on pas vu dans les guerres, traverser seul des escadrons ennemis, l'épée à la main, les retraverser encore, et rejoindre son armée, saisi d'étonnement et d'inquiétude en voyant ce prince blessé, ordonnant de le suivre, et rechargeant encore les mêmes escadrons, qu'il avoit mis en fuite ?

Ce noble Prince, ayant son Roi, son nom et son auguste Fils à venger, à la tête de nombreuses phalanges royalistes, auroit attiré contre lui l'attention de tous les conspirateurs, et l'on garderoit le silence sur tout ce qui l'a arrêté dans ses nobles projets! Sans doute on sera convaincu de la nécessité d'établir un rapport général, nécessaire pour lui et pour les pays fidèles de l'Ouest, qui constateroit que là, comme ailleurs, il fut paralysé par la même perfidie qui tendoit à armer les rebelles et à désarmer les fidèles serviteurs du Roi. Ses moyens furent partout les mêmes, la seule différence fut celle des temps et des lieux. Là on avoit ouvertement trahi, après avoir confié le commandement à des traîtres; dans la Vendée, où il n'y avoit pas de traîtres, on s'est borné à tromper les royalistes en leur inspirant, sans doute, des craintes pour un Prince chéri. Et des perfides firent croire à des chefs trompés, que les Vendéens découragés n'étoient plus ce qu'ils furent, et ce qu'ils seront toujours! Ils prirent les armes au 15 mai; et courriers sur courriers, négociations sur négociations, furent employés pour les leur faire poser encore.

retournés chez eux, pendant la marche de Fay à la Tuilerie; la compagnie de M. de Gastines étoit seule restée à l'armée.

Cette diminution de forces étoit bien préjudiciable. Le général envoya M. Bernard pour la rassembler; il ne le vit plus.

Le 11 juin, il alla au château Daubert; il n'y reçut aucune réponse aux demandes qu'il avoit renouvelée à M. d'Andigné. Cette continuité de silence commença à lui faire croire à la vérité des bruits qui couroient sur l'échec reçu, par MM. Gaulier et d'Andigné, dès le début de la campagne; il falloit donc renoncer, pour l'instant, à en être soutenu, et à remédier au vide fait par le départ de la division Bernard.

Il n'en continua pas moins ses efforts pour maintenir l'honneur des armées du Roi, et résolut de consolider ses premiers succès par la conduite la plus circonspecte.

Les royalistes prêtent serment de ne plus quitter le drapeau.

Il réorganisa d'abord sa troupe, qui n'étoit plus que de quatre cents hommes, la forma en compagnie générale, et exigea d'elle le serment au drapeau royal. Cette mesure la raffermit, et fit que depuis, malgré toutes difficultés et séductions, etc. etc., elle resta constamment au drapeau; elle ne réclama plus cette coutume si nuisible dans cette espèce de guerre, *d'aller chez soi, pour changer de chemise* (c'étoit le mot usité). Cette coutume, si défavorable aux opérations militaires, met en danger, même après la victoire, un rassemblement armé qui, souvent, se trouve dans un instant réduit au quart.

Ces braves gens remplirent depuis leur serment avec une fidélité religieuse; ils prouvèrent ce qu'on peut attendre de cette espèce de troupe, ainsi captivée par la confiance.

Organisation régulière de l'armée.

Le général forma en état-major une compagnie de quatre-vingts officiers à cheval, commandée par MM. de Maussabré et Dubourgneuf, et une compagnie de soixante officiers à pied, commandée par M. de Tilly; et ayant ainsi réparé le vide fait par l'absence de la division Bernard, sûr d'ailleurs de sa troupe, il passa, le 12, la Sarthe à Parcé, pour soulever le pays jusqu'au Mans. Dès lors, il la paya régulièrement, la disciplina, l'arma avec plus de soins, et l'habilla en uniforme.

Lettres du préfet du Roi, en date des 14, 15, 16 et 17 juin.

Le 14, il étoit à Brulon, quand il reçut de M. Pasquier, dernier préfet du Roi au Mans, les lettres n^{os} V et VI, en date des 14 et 15 juin, où il le prévenoit que M. de Malartic avoit annoncé la pacification de M. d'Andigné et autres chefs; qu'il avoit retenu le zèle des royalistes, qui avoient envoyé à M. d'Andigné un courrier pour savoir si ces assertions étoient vraies, etc. Enfin, que M. Guyot de la Poterie en retenoit beaucoup par son inaction.

Le général se porta à Valon, quatre lieues du Mans, pour encourager les royalistes, pour être plus à portée de protéger leur arrivée, et de détruire, par de fréquentes depêches, le mauvais esprit que propageoient ces dangereuses assertions. Il y reçut les lettres nos VII et VIII. Il étoit occupé à combiner ses mouvemens tout autour du Mans, d'où chaque jour on l'envoyoit prévenir de quelques complots projetés pour l'assassiner.

Le 18, étant à Mayet, un courrier lui apporta une lettre de M. le chevalier d'Andigné, en date du 16 juin, et la première qu'il eût reçue depuis le 19 mai. (1)

Lettre du général d'Andigné, en date du 16 juin.

XI. (1) *Lettre du général d'Andigné au général d'Ambrugeac, visée par quatre membres du conseil de guerre.*

Ce 16 juin 1815.

Monsieur le Comte,

Lorsque je vous ai vu vous établir sur le département de Maine et Loire, j'ai cru que c'étoit d'un commun accord avec MM. Bernard et Beaumont : le désir que j'ai de faire ce qui est agréable à chacun m'engage de

Il annonçoit qu'il y avoit peu de monde levé dans la Sarthe, et en diminuoit encore le nombre en ôtant la division que le général d'Ambrugeac, au péril de sa vie, avoit levée dans les trois premiers jours de la campagne, et sans que M. Bernard, à qui le général en avoit donné le commandement, y eût autrement contribué, qu'en venant à Moranes le joindre, quand elle étoit formée.

Il ajoutoit, que ce n'étoit peut-être pas le moment d'augmenter ses forces (16 juin); et précisément, c'étoit celui où commençoient les

---

ne pas refuser la juste demande qu'ils me font de rester indépendans. Il me semble que dans la Sarthe il y a encore très-peu de monde en mouvement ; ce n'est peut-être pas le moment d'en réunir un plus grand nombre. J'avois bien des choses à vous communiquer, que je ne puis confier au papier, et qui me font désirer vous voir vous rapprocher de moi ; ma position actuelle vous rend ce voyage facile ; je suis sur la rive gauche de la Mayenne, et je resterai jusqu'à lundi matin dans les environs de Champtence et Torigné, si pendant ce temps il vous étoit possible de venir auprès de moi, je vous en aurois une obligation véritable.

J'ai l'honneur d'être avec la plus haute considération, etc.

Signé le chevalier D'ANDIGNÉ.

hostilités contre la Vendée ; où les renforts étoient arrivés au Mans contre l'armée de la Sarthe, et où il venoit de recevoir un courrier du Mans, qui, pour se déclarer, lui demandoit si les bruits de pacification et de reddition d'armes étoient vrais; enfin, il invitoit le général à s'approcher de lui, ayant des communications importantes à lui faire, qu'il ne pouvoit confier au papier, qu'il lui en auroit une grande obligation, etc.

Toutes réflexions sur les vrais motifs de cette lettre furent suspendues, à raison du court délai fixé pour l'entrevue où le général espéroit avoir la solution des dépêches du préfet, et de la réponse donnée par M. d'Andigné au courrier du Mans.

Croyant à une jonction avec M. d'Andigné, le général se rend avec sa troupe où il le lui indiquoit, et ne l'y trouve pas.

En conséquence, croyant à une jonction de corps, qui auroit été très-sage dans les circonstances, il partit avec sa troupe le soir même qu'il reçut cette lettre, et manda, par le même courrier, à M. le chevalier d'Andigné, que le lendemain (veille du jour assigné) il seroit à Brulon; que ses braves seroient charmés de faire jonction avec les siens; que s'il ne l'y trouvoit pas, il se rendroit à Torigné, lieu indiqué.

Arrivé le soir à Saint-Pierre-aux-Bois, une lieue de Brulon, rapport lui fut fait qu'une colonne ennemie étoit entrée dans cette ville, venant de Sainte-Suzanne. Il envoya reconnoître Brulon par MM. de Maussabré, Bignon, Sainte-Croix et autres. L'ennemi n'y étoit pas. MM. le chevalier de Gastines et Dutaillis allèrent au devant de M. d'Andigné jusqu'à Torigné. Ils n'en eurent aucune nouvelle, ni de lui, ni de sa troupe, et revinrent, après avoir failli être pris par la colonne ennemie, qui effectivement s'avançoit de Sainte-Suzanne sur Brulon.

Les troupes du Mans ayant reçu les renforts demandés, se dirigent sur plusieurs colonnes contre les royalistes.

En même temps les renforts ennemis arrivés depuis peu de jours au Mans, comme il a été dit, opéroient leur mouvement en plusieurs colonnes, et paroissoient, en se dirigeant sur la Sarthe, vouloir entourer le général d'Ambrugeac dans les cantons de Brulon et de Valon, de concert avec la colonne partie de Sainte-Suzanne.

La position étoit pénible, la lettre de M. d'Andigné devenoit encore plus difficile à comprendre. Où étoit-il? Etoit-il même en campagne? Etoit-ce une jonction de corps qu'il vouloit, ou une entrevue individuelle? Mais cela n'étoit pas probable : car, comment quitter l'armée, et la laisser en danger au milieu de l'ennemi? Cela n'étoit pas possible! L'armée devoit-elle évacuer le département? C'étoit contraire aux ordres qu'avoit reçus le général, de le commander et de l'enlever à l'usurpateur.

Il se décida au seul parti qu'il pouvoit prendre au milieu des colonnes six fois plus fortes que les siennes, et résolut d'attirer l'ennemi vers la forêt de Jupille, sur les frontières de la Touraine, de le fatiguer, de le tromper; de séparer ses colonnes, et de ramener sa troupe, sous peu de jours, dans le pays qu'elle quittoit.

Les royalistes font une diversion vers les frontières de la Touraine.

Cette diversion devoit faire évacuer le pays, véritable foyer de l'armée royale, ou le délivrer bientôt en y attaquant l'ennemi, placé entre les corps du général, et de M. d'Andigné, qui en fut prévenu.

M. d'Ambrugeac repassa donc la Sarthe, le 19, à Noyen. Il marchoit sur Mézeray, lorsqu'à une lieue de ce bourg, un courrier, envoyé par M. d'Andigné à M. Guyot de la Poterie, fut arrêté par l'arrière-garde. Il étoit porteur des lettres citées dans la note ci-après (1).

Lettres de M. d'Andigné et d'un officier nommé Pion, à M. G. de la Poterie.

XII. (1) *Lettre de M. le chevalier d'Andigné à M. G. de la Poterie, visée par quatre membres du conseil de guerre.*

Ce 16 juin 1815, à Chevillé.

J'ai eu l'honneur de vous écrire plusieurs fois, sans que j'aie même reçu réponse de vous. Je ne concevois pas votre silence, ni l'inaction dans laquelle je vous

L'une étoit de M. d'Andigné, les autres de M. Pion, à qui le général avoit ordonné, peu

---

croyois rester. Quelques officiers de la division de M. Bernard m'en apprennent la cause, et me disent que vous avez été très-mécontent du choix que j'avois fait de M. le comte d'Ambrugeac, pour commander le département de la Sarthe. J'ai un regret véritable que vous ne vous soyez pas expliqué franchement avec moi à cet égard ; je n'ai jamais eu pour but que de concilier les intérêts de S. M. avec ce qui peut être agréable aux personnes qui ont servi avec autant de distinction que vous l'avez fait. Quand on a beaucoup de places à donner, et qu'on sent vivement le besoin d'être secondé, on est bien embarrassé. Il paroît que j'ai été cruellement trompé sur le compte de M. le comte d'Ambrugeac, dont on m'avoit dit beaucoup de bien avant qu'il fût placé. J'en suis fort embarrassé : il me paroît impossible de le laisser où il est, et il est difficile de l'en retirer. Je vais cependant y faire tous mes efforts : maintenant parlez-moi franchement de votre position, et dites-moi ce que vous comptez, ce que vous pouvez faire. Il est bon que vous sachiez d'abord que nous sommes dans une espèce de pourparler politique avec le gouvernement. Je ne vois encore où il nous mènera ; s'il y a une espèce d'accommodement, il eût été avantageux pour vous d'être sur pied, parce que votre pays en eût profité ; mais il me semble qu'il seroit trop tard pour vous y mettre ; si au contraire la guerre se continue, elle se fera avec un nouvel acharnement, et tout sera poussé à l'extrême ; dans

de jours avant, d'aller joindre M. Guyot, dont il étoit l'ami, mais qui, au lieu d'obéir, venoit d'être nommé major par M. Bernard dans sa division.

---

ce cas il vous seroit bien utile que votre pays fût en mouvement. Soyez donc assez bon pour me mander ce que vous voulez faire, ce que vous pouvez faire, et ce qu'il vous seroit nécessaire pour agir.

J'ai l'honneur d'être, etc.

Signé le chevalier D'ANDIGNÉ.

XIII. *Lettre de M. Pion à M. Guyot de la Poterie.*

17 juin 1815.

J'ai vu un de vos amis, qui vous prie de lui donner de vos nouvelles : comme les postes sont arrêtées par les royalistes, il faudroit établir une correspondance chez des hommes sûrs pour pouvoir réciproquement nous donner des nouvelles de ce qui se passe dans nos contrées.

J'ai l'honneur, etc.

Signé PION-NOIRIE.

XIV. *Lettre de M. Pion au capitaine Cottereau.*

17 juin 1815.

(Cet officier est un des signataires du conseil de guerre où cette lettre fut communiquée et contre-signée de M. Tranquille, etc. Se voyant ainsi découvert, le lendemain il déserta avec toute sa compagnie, et rejoignit le sieur Bernard qui étoit resté dans l'inaction depuis le 14 juin).

Mon ami,

Je vous prie de quitter de suite M. d'Ambrugeac, vous ne serez plus sous son commandement. Si vous avez des

Le porteur de ces dépêches ignoroit où étoient M. d'Andigné, ni M. Guyot. Le général si intéressé pour l'avantage de l'armée à le savoir, ouvrit les lettres. Quelle fut sa surprise en les lisant! Toutes ses espérances étoient détruites, et ses doutes changés en certitude, sur la stagnation de M. d'Andigné, sur la vérité des assertions contenues dans les lettres du préfet,

---

soldats de garde, prévenez-en les officiers, et faites-leur relever de faction ceux de nos soldats qui pourroient y être. Rendez-vous à Précigné; notre camp est présentement à Moranes où ils vont probablement rester plusieurs jours; ils m'attendront très sûrement jusqu'à demain soir.

Signé PION-NOIRIE.

XV. *Lettre de M. Pion à M. Renon, chirurgien en chef de l'armée royale de la Sarthe.*

17 juin 1815.

Nous avons à nous louer de M. d'Andigné qui nous a pour toujours séparés de l'armée de M. d'Ambrugeac; nous ne sommes plus sous ses ordres, et j'ai permission de reprendre le commandement des compagnies de Cottereau et B...... qui ne seront plus sous sa tyrannie; je lui ai manifesté l'intention que vous aviez de passer avec lui ou avec M. Bernard : je l'ai prié de vous en donner l'ordre, il me l'a refusé, parce que je n'avois point d'écrit de votre part; mais il m'a ajouté qu'il désiroit que chacun se réunît sous le commandement du chef qui lui en inspireroit le plus. Il m'a même dit de

et sur la nécessité non seulement de renoncer à tout secours, mais même d'appréhender la défection de sa troupe jusques alors si parfaitement dévouée. Il étoit facile de prévoir toutes les fatales conséquences de la position où on la mettoit, ainsi que son général, au milieu même des colonnes ennemies.

L'erreur de M. d'Andigné, en tout ce qu'il disoit au général, étoit évidente; tout étoit contradictoire. Comment accorder ces deux idées: « Il ne peut rester dans son commandement, etc.; » mais il est difficile de l'en tirer, j'y ferai mes » efforts. » Pourquoi donc étoit-ce difficile, et falloit-il de efforts? M. d'Andigné avoit donc des notions sur cette difficulté? Elle ne pou-

---

vous prier non seulement de passer avec lui ou avec M. Bernard, mais même d'engager tous ceux qui sont mécontens de M. d'Ambrugeac ou de M. Tranquille, à passer sous les divisions où règne la paix.

Je vous adresse un ordre pour M. le général, qui, je pense, est pour aller rendre compte de son inconduite ou se justifier, s'il le peut, du désordre qu'il a mis dans nos rangs. Je vous prie de m'en accuser réception, et de remettre vous-même la lettre à l'adresse de Cottereau, ou la brûler, si les compagnies n'y étoient plus.

J'ai l'honneur d'être, etc.

Signé PION-NOIRIE.

voit provenir que de l'affection de la troupe : mais alors comment la concilier avec le prétendu éloignement qu'on avoit pour M. d'Ambrugeac ?

Mais sans entrer dans le détail de ces allégations personnelles, réfutées suffisamment par le dévouement sans bornes des officiers et des soldats qui se firent un devoir de consoler leur général, en lui remettant le même jour l'adresse n° XVI ; les faits attestés par les témoignages authentiques d'un pays entier, et par les rapports officiels des autorités supérieures, tels qu'on les a vus, et qu'on les verra dans ce Mémoire, complètent la réfutation, et prouvent jusqu'à quel point on a trompé M. d'Andigné, pour l'amener au but de paralyser tous les moyens et les efforts des royalistes.

M. d'Andigné avoit donc voulu, par sa lettre du 16 juin (reçue à Mayet), ôter M. d'Ambrugeac de son armée, en l'attirant sous le prétexte de conférer ? Et voilà une partie des efforts annoncés à M. Guyot ! Cette mesure n'étoit que personnelle à M. d'Ambrugeac, quoique certainement nuisible à son armée, dans la position où elle étoit. Mais lorsqu'il lui disoit en même temps de ne pas augmenter l'armée, il n'y avoit là rien de personnel, cet avis concernoit la chose publique. M. d'Andigné savoit où elle en étoit cette chose publique, puisque le même jour qu'il parloit ainsi à M. d'Ambrugeac, il disoit à M. Guyot qu'il n'étoit pas en arme, et qu'il étoit trop tard de s'y mettre, parce qu'il le prévenoit qu'il étoit en pourparler politique avec le gouvernement de Buonaparte ; sans doute il étoit commencé depuis quelque temps ce pourparler, et il avoit connoissance des pouvoirs et propositions du général Lamarque (*pièce n°*. IX), dans lesquelles son nom figuroit ; sans doute aussi l'on étoit convenu de quelques points arrêtés ; car on n'a jamais vu diminuer ses moyens d'attaques et de défenses quand on négocie, à moins qu'on n'en soit préalablement convenu. Le fait est que M. d'Andigné n'étoit plus en arme depuis long-temps, et que les ordres donnés par le gouvernement de Buonaparte au général Lamarque, étoient du 7 juin, et en réponse aux demandes faites par ce général, en date du 5 juin ; on y voit que l'on y fait des propositions relatives à M. d'Andigné, en réponse aux demandes du général Lamarque. Et dans quel moment tout cela étoit-il combiné, écrit, fait par M. d'Andigné ? C'étoit celui où les ennemis en sécurité l'ayant dépassé entroient dans la Vendée, et quand les renforts envoyés contre M. d'Ambrugeac manœuvroient de tous côtés pour l'envelopper.

Par les lettres de MM. d'Andigné et Pion, on auroit réduit à une impuissance absolue les royalistes de la Sarthe, qui seuls occupoient quatre mille ennemis qui auroient passé la Loire et marché contre la Vendée.

Le général d'Ambrugeac n'avoit vu M. d'Andigné qu'une fois, et pendant une heure, le jour où il lui donna la délégation de pouvoir, citée n°. I ; mais il connoissoit sa réputation d'homme dévoué au Roi, il plaignit son erreur sans en accuser son cœur ni ses intentions; il remit à d'autre temps le soin de l'éclairer : le moment étoit pressant, les colonnes ennemies se dirigeoient partout contre lui.

Le général n'avoit que deux partis à prendre : l'un de licencier ses braves, chacun se sauvant individuellement; l'autre, de faire appel à leur énergie et à leur fidélité, de rappeler leur serment, fait à Daubert, de ne pas quitter leur drapeau.

Belle conduite du général Tranquille, et de MM. de Maussabré de

Il prit donc ce dernier parti, et communiqua les lettres au général Tranquille, qui, plein d'étonnement, demanda au général d'Ambrugeac ce qu'il vouloit faire : « Périr les armes à la main, lui répondit-il, et laisser à chacun la liberté de me suivre ou de s'en aller. » « Je ne vous quitterai pas, répliqua le brave Tranquille, dussé-je être seul avec vous! » M. de Maussabré, les deux frères Gastines, de Bret, de Bignon, Sainte-Croix, en disent autant.

Gastines frères, de Bignon, Sainte-Croix, de Bret.

Arrivés à Mézeray, les officiers parlent à leurs camarades; à l'instant tous s'assemblent, et, par un mouvement digne d'aussi braves serviteurs du Roi, tous s'écrient qu'ils périront les armes à la main près de leur général, et lui remirent l'adresse n°. XVI.

Adresse de tous les officiers, où ils protestent qu'ils suivront partout leur général.

Ce fut pour lui une bien douce et honorable consolation; mais la responsabilité étoit bien grande: il étoit étranger au pays, et il ne pouvoit plus se dissimuler qu'il falloit à tout prix réussir. Les ennemis étoient six fois plus forts que les royalistes: il falloit conserver leurs succès, et ne pas compromettre de si braves serviteurs du Roi, se dévouant entièrement à leur général.

Le lendemain 21, ils se rendirent à Courcelles, c'étoit le lieu le plus sûr des environs, protégé par une forêt, et où tous les habitans dévoués à M. le marquis de la Suse, et dirigés par M. Bezard, subvenoient aux besoins de la troupe. On y apprit la marche des colonnes

Les royalistes

continuent leur marche vers Jupille, au milieu des colonnes ennemies.

ennemies qui suivoient, ainsi qu'il a déjà été dit, et d'autres qui, venant de la Flèche, se dirigeoient vers le Lude. Le général feignit de marcher sur Luché par Saint-Jean-de-la-Motte ; les colonnes le poursuivirent ; alors il changea sa marche, et se porta à angle droit sur la forêt de Jupille, selon son idée primitive. L'armée y arriva à minuit, harrassée de fatigues, après une marche de vingt heures en trois haltes, en parfait ordre, et ayant fait perdre aux ennemis jusqu'à la trace de leur direction. Etant à l'entrée du bourg, elle fut arrêtée par un cri de *Qui vive ! Aux armes !* suivi aussitôt par une décharge de mousqueterie.

Prise de Jupille, à minuit, après une marche de vingt heures.

Il ne falloit pas laisser à l'ennemi surpris le temps de se reconnoître. *En avant! Vive le Roi!* cria le général, et, au pas de course, il entra à la tête de la troupe dans le bourg.

Les fédérés se défendirent, tirant à bout portant par les fenêtres et dans les rues. Le lieutenant Kermel fut blessé grièvement par un coup de pistolet à brûle-pourpoint; il étoit le deuxième de trois frères : ces trois jeunes gens, fils de M. de Kermel, gentilhomme breton, père de douze enfans, avoient fait, avec beaucoup de distinction, la campagne à pied, à la tête de l'avant-garde. Le feu cessa; et l'ennemi étant dispersé, le général, ainsi qu'il l'avoit fait au Lude, contint la troupe dans le plus parfait ordre; sans permettre aucune vengeance, et pour éviter à ce bourg toute catastrophe, il fit rafraichir sa troupe sans quitter les rangs, prit trente otages, et bivouaqua à une lieue du bourg, dans la forêt, laissant M. de Kermel chez le curé, et sous la responsabilité des otages.

20 août. Adresse du bourg de Jupille.

Ils furent rendus quinze jours après, lorsque ce jeune officier eut été ramené sur un brancard au Mans.

Jupille a témoigné sa reconnoissance par une adresse publique, envoyée dans le mois d'août, au général d'Ambrugeac.

Les royalistes, fatigués de leur marche forcée, se reposoient au bivouac depuis une heure, quand, à trois heures du matin, ils sont attaqués à l'improviste par un rassemblement considérable de fédérés.

Ils l'enfoncent avec une valeur remarquable, le dispersent, font des prisonniers, continuent leur route avec calme et bon ordre, et parviennent, dans la même journée, après plusieurs haltes, au château de Moncey, à deux lieues du Mans; et il est à observer qu'ils en

Les royalistes attaqués à l'improviste par un rassemblement de fédérés, les battent et les dispersent, font plusieurs prisonniers, étoient à cinq lieues trois jours auparavant, quand ils commencèrent leur diversion.

et se rendent au château de Moncey, deux lieues du Mans

Le général s'en étoit ainsi rapproché pour rassurer la ville sur l'attitude, toujours respectable, des royalistes qu'on disoit ne plus tenir la campagne, et presqu'exterminés.

Ils repassent la Sarthe à Fillé, et rentrent dans les pays qu'ils avoient quittés trois jours auparavant, et après un combat d'arrière-garde.

Le lendemain 23, ils repassèrent la Sarthe à Fillé, où M. de Gastines l'aîné et M. Brion se distinguèrent, après un combat d'arrière-garde; ils rentrèrent dans les pays qu'ils avoient quittés, et qui furent délivrés des ennemis par cette diversion.

Cette marche de trente-huit lieues en quarante-trois heures, faite avec une régularité et une célérité dignes de la meilleure infanterie, fait honneur à cette brave troupe de volontaires, qui repoussa deux fois victorieusement des attaques faites à l'improviste.

Elle prouve ce qu'on peut obtenir de cette espèce de troupe, non seulement pour la défense locale de son pays, mais aussi pour l'exécution d'un plan d'attaques et de marches combinées et lointaines.

On peut établir parmi elles l'ordre et la plus exacte discipline, quand la confiance entière est établie; elle dépend des preuves d'intrépidité données par le chef dès le début des hosilités, et de sa constante attention à éviter les surprises de l'ennemi. En un mot, ces braves habitans du Maine et de l'Ouest sont dignes d'être commandés par les chefs les plus habiles et les princes les plus illustres.

Bruits répandus dans le pays pendant leur absence.

De retour dans les cantons de Valon et de Brulon, ces fidèles royalistes trouvèrent leurs familles dans la consternation. On y avoit fait croire qu'ils avoient été exterminés.

Pour discréditer le général d'Ambrugeac, on avoit répandu des billets où l'on prétendoit qu'il avoit livré et trahi ses braves compagnons. Quelle auroit été son infortune, s'il n'avoit pas réussi dans son expédition ! En vain les troupes du Mans le suivirent de loin; en vain celles de Laval se dirigèrent sur Sablé; il occupoit les villes et les bourgs.

Ils se retranchent dans le château de Viré, près Brulon, et y attendent l'ennemi.

Les royalistes étoient, le 26, au château de Viré, entre Sainte-Suzanne et Brulon, occupés à l'approvisionner, et le mettre en défense : ce château dominoit le pays; on ne pouvoit y arriver que par un pont-levis. Ils y attendoient l'ennemi, qui ne savoit plus où ils avoient pris leur direction. Dès le 27, au soir, les généraux avoient envoyé à toutes les colonnes, au commandant de Sablé et à divers maires, l'ordre de faire parvenir au général

Les généraux ennemis leur envoient proposer d'adhérer au

traité signé par la Vendée. d'Ambrugeac les propositions des généraux Lamarque et Hamelinaie, ayant pour but d'accéder au traité de la Vendée, ajoutant que la Sarthe y étoit comprise. (*Voyez les Pièces n.º XVII.*)

Le général convoque un conseil de guerre, fait rejeter la proposition de l'ennemi. Le général d'Ambrugeac assembla le conseil de guerre, aussitôt la réception de ces communications, fit rejeter la proposition de reconnoître et d'exécuter le traité de la Vendée. (*Voyez la Pièce n.º XVIII, Délibération du conseil.*)

« Si les Vendéens ont conclu ce traité, dit-il, » ce ne peut être que par des raisons locales » et des malheurs que vous n'avez pas éprouvés; ces raisons ne peuvent être admises pour » base de notre conduite. Mais, vu les circonstances, la force et la position de l'ennemi, la » stagnation de tous les autres corps royalistes, » il peut être utile d'accepter une conférence, » qui conservera à l'armée l'honneur de ses » succès, et lui donnera le temps d'augmenter » sa force et ses munitions, pour agir plus » vigoureusement encore, si les événemens qui » pressent Paris se prolongent. »

Conférence. Cette conférence eut lieu dans toutes les règles, le 1er juillet, au château de Coulans, entre le général comte d'Ambrugeac; le général

Mocquery, commandant les troupes ennemies ; le préfet du Roi, Pasquier; M. Lagarde, exerçant la préfecture pour Buonaparte ; M. Sourdon, commissaire-général de l'armée royale ; six officiers supérieurs royalistes, et deux des chefs opposés. On prit des précautions pour éviter toute surprise.

1er juillet. Convention militaire.

Avant la signature, le général Mocquery et M. Lagarde promirent qu'ils obéiroient aux premiers ordres du Roi qu'ils recevroient de Paris. Après quoi la convention militaire, telle qu'elle a paru dans les journaux du 9 juillet, fut signée de part et d'autre, sans que le général d'Ambrugeac permît qu'aucun mot n'y pût même faire pressentir l'existence de l'usurpateur ou de son gouvernement.

On traita de commandant à commandant de troupes, et simplement pour arrêter une inutile effusion de sang. Cinq cents hommes traitèrent ainsi contre une force de quatre mille hommes, divisés en diverses colonnes sur plusieurs points (1).

Par cette convention, les royalistes restoient maîtres des pays qu'ils avoient conquis, sans

(1) Les troupes ennemies avoient quitté Laval, et s'étoient portées à Sablé.

que l'ennemi pût les traverser. Les hostilités cessèrent dans tout le département ; les communications avec la Mayenne furent libres ; les troupes de Buonaparte rentrèrent au Mans.

Leurs chefs croyant la petite armée royaliste plus forte qu'elle ne l'étoit réellement, prétendoient en diminuer l'importance dans les conférences, en ne l'évaluant qu'à mille huit cents hommes. Quel dut être leur étonnement, quand après son entrée au Mans, ils apprirent qu'elle n'étoit que de cinq cents hommes à Viré, quand on signoit la convention ! C'est ainsi que fut conservée la gloire qu'elle avoit acquise par son courageux dévouement.

Le quartier-général fut établi le 2 à Brulon, et communication de cette convention fut donnée à MM. le chevalier d'Andigné, Gaulier et Bernard, pour qu'ils eussent à faire connoître au général d'Ambrugeac leur position. Ils étoient prévenus qu'elle pouvoit être rompue en quarante-huit heures.

Le général étoit occupé à surveiller, de concert avec les principaux habitans du Mans, et le préfet du Roi, les soldats qui y étoient rentrés, et à donner partout les ordres à ceux qui, faisant partie de l'armée royaliste, ne l'avoient pas encore jointe, de se tenir prêts en cas que les hostilités fussent reprises, quand il reçut le 8 juillet la lettre de M. d'Andigné, en date du 4 juillet. (*Voyez pièce n°.* XIX.) 4 juillet. Lettre de M. le chevalier d'Andigné.

On se rappelle ce qui a été dit de celles en date du 16 juin, reçues au milieu des colonnes ennemies.

M. d'Andigné paroissoit avoir oublié qu'il disoit alors : « qu'il étoit en pourparler politique avec le gouvernement de Buonaparte; qu'il ne falloit pas faire de levée dans la Sarthe, etc. » Et dans sa dernière lettre, il assuroit « que le traité des Vendéens (fait le 26 juin) qui lui avoit attiré de nombreuses sollicitations d'y adhérer, s'étoit borné à convenir de ne pas attaquer l'ennemi, s'il n'entroit sur son territoire, etc. »

Mais depuis quand cette convention étoit-elle faite ? Etoit-ce avant ou depuis le traité du 26 juin ; étoit-ce à l'époque des propositions citées? (*pièces* n° IX)

Ses lettres du 16 prouvoient que les pourparlers et mesures propres à ne pas inquiéter l'ennemi étoient bien antérieurs à ce traité du 26, et les faits prouvent également que M. d'Andigné n'étoit pas sous les armes bien avant l'annonce de ces pourparlers.

Et quel étoit le territoire dont il parloit ? Etoit-ce le Craonois dans lequel il étoit resté, sans y être même menacé par aucune position prise par les ennemis ?

Dans ce cas, M. d'Andigné avoit donc perdu de vue, que l'intérêt et l'honneur de la monarchie ne gisoient pas dans le Craonois ; mais qu'il falloit participer à la guerre, soutenir la Vendée, la Sarthe, le Morbihan, la Loire-Inférieure ; unir dans un plan de défense et d'attaque les deux rives de la Loire, qui par le même plan s'étoient levées ensemble dès le 15 mai, etc. etc.

Il ne pouvoit ignorer, le 4 juillet, la convention faite le 1er ; il devoit l'avoir reçue par le général d'Ambrugeac ; et, si elle avoit été soustraite, il devoit en avoir eu connoissance par MM. Bernard et Gaulier, qui n'ont cessé de correspondre avec M. d'Andigné.

Et dans ce cas, comment pouvoit-il vouloir confondre sa position avec celle des royalistes de la Sarthe, toujours occupés par l'ennemi, et en pleine guerre ? Cependant, il mandoit à M. d'Ambrugeac de faire comme lui, de se tenir sur ses gardes, et de ne pas attaquer les ennemis s'ils ne l'attaquoient. M. d'Andigné donna, le 9 juillet, l'ordre à ses troupes de se rassembler, et se remettant ainsi en campagne, il en envoya une partie à Aurai, sous les commandement d'un de ses officiers, M. de la Poterie, pour y chercher des canons et des fusils débarqués par les Anglais, qui furent conduits le 15 ou le 16 à Segré.

Il est vraiment à regretter que M. le chevalier d'Andigné, si avantageusement connu par son ancien dévouement à la cause royale, ait été dans l'erreur depuis le commencement de cette guerre, et qu'il ait été engagé à faire tout ce qu'il falloit pour diminuer les moyens, d'abord d'attaque, puis de défense, au lieu de les augmenter et de les faciliter. L'armée qu'il s'étoit ménagée, dans le Craonois et la Mayenne, étoit formée de royalistes, et ne le cédoit à aucune autre en bravoure et en dévoûment. Que n'auroient-ils pas fait, si ce dévoûment n'eût été paralysé par la fatale stagnation où on les laissa?

Il a confondu les temps et les lieux, où la puissance de Buonaparte et de la convention, et où une génération entière n'avoit pas connoissance de son Roi, ni de ses droits, avec ceux où ce Roi, victime d'une perfidie, venoit tout récemment de quitter sa capitale; il a paru ignorer que l'on pouvoit, que l'on devoit par un vigoureux et glorieux effort, le défendre et le rappeler, aux yeux de l'Europe armée pour sa cause, et attentive à ce que feroit la France, et surtout les fidèles provinces de l'Ouest.

Mais quelle que soit la funeste conséquence qu'ait eue l'erreur de M. d'Andigné, c'est moins à lui qu'à M. de Malartic à rendre compte des motifs qui l'ont produite, et à éclairer le gouvernement et la France, sur la direction fatale des événemens dans l'Ouest. Ils sont jusqu'à ce moment couverts du voile qu'on jette ordinairement sur ce que l'on veut taire, par respect pour quelque autorité compromise, ou par reconnoissance pour quelque ancien service. Mais si l'erreur de quelques individus a besoin de ce voile, les illustres et braves provinces de l'Ouest n'en ont pas besoin; bien au contraire, s'il est levé, on verra qu'à aucune époque de la révolution, elles n'ont répondu à l'appel du Roi, avec un enthousiasme, un dévouement plus religieux, et qu'on y est encore étonné de ce qu'on n'en a pas plus profité pour son service. Ce point est important à bien éclaircir et pour l'intérêt du passé et pour celui de l'avenir.

Car, il est évident qu'il y a une grande analogie entre le voile mystérieux jeté sur l'Ouest, depuis le retour de S. M., et l'obscurité, la nullité, dans laquelle, pendant son absence, on a voulu condamner ce pays fidèle, comme si on vouloit le dérober aux yeux du Roi et de l'Europe. On diroit que les ennemis éternels de la royauté trouvent dans le sort de la Vendée, la consolation de leur impuissante rage, et triomphent d'avoir réussi à la paralyser et à prolonger l'erreur sur tous les événemens qui la concernent.

La lettre du 4 juillet, étant plus relative à M. le chevalier d'Andigné, et au passé, qu'à des mesures utiles pour le moment présent, ne changea rien à la position de M. d'Ambrugeac. Il continua l'accomplissement de son plan arrêté avec les principaux habitans du Mans, et le préfet du Roi, pour presser la reddition de cette ville. Elle étoit dans de vives alarmes produites par les menaces et l'indiscipline de la troupe de ligne, qui même donnoient des inquiétudes à ses chefs et au préfet nommé par Buonaparte; les fédérés et agitateurs les augmentoient encore.

Les royalistes s'établissent à Valon.

Le général, pour rassurer et soutenir cette bonne ville, s'établit à Valon, non compris dans la convention. Plusieurs habitans vinrent le joindre, malgré l'extrême malveillance des troupes qui étoient aux portes de la ville, très-fortement retranchées et palissadées.

Il fit convoquer, à Coulans, des membres du conseil-général, en présence du préfet du Roi, insista sur la prompte évacuation de la ville par les soldats de Buonaparte, offrant de les y forcer, d'accord avec elle. Vingt-quatre heures après cette communication, M. d'Ambrugeac fut invité (*Voyez la lettre n.° XX*) à suspendre son projet.

Sommation faite au chef des troupes occupant le Mans.

Cependant le Roi étoit entré dans sa capitale, et MM. le général Mocquery et Lagarde n'avoient pas encore exécuté la promesse qu'ils avoient faite de reconnoître les ordres du Roi (ainsi qu'il a été dit avant la signature de la convention). Le comte d'Ambrugeac les jugeant embarrassés par le mauvais esprit des soldats et des agitateurs, les somma de faire reconnoître les ordres de Sa Majesté dans la ville et parmi les troupes, et leur proposa de les soutenir si elles s'y refusoient. On trouvera leur réponse dans la lettre ci-jointe, n.o *XXI*. Elle contenoit la publication et affiche de l'ordre du maréchal Davoust, de conduire les troupes à Tours; mais cet ordre ayant produit beaucoup d'agitation, et ne s'exécutant pas, le général d'Ambrugeac, décidé à forcer l'évacuation du Mans, se rendit à Coulans avec son état-major; il y fit venir les principaux habitans du Mans, et de concert avec eux, ordonna que, pendant la nuit du 14, on prépareroit le soulèvement de la ville, et qu'en même temps il arriveroit aux portes avec son armée, le 15, à la pointe du jour.

Entrée dans la ville du Mans.

Elle n'en étoit plus qu'à une lieue, quand MM. de Sapineau et Auguste de Clinchamps, qui s'étoient concertés avec MM. de Juigné, de la Girouardière, Montesson, Clermont et autres principaux habitans, vinrent lui faire le rapport que les troupes de ligne étant parties depuis deux heures, leur départ rendoit inutile toute agression; que l'on proclamoit le Roi dans la ville, et que les habitans vouloient venir au devant de l'armée avec toutes les autorités et la garde nationale.

En effet, toute la population, à l'exception des fédérés, vint à une lieue du Mans, et rien n'égale l'enthousiasme de cette bonne ville, toute pavoisée de drapeaux blancs, faisant éclater sa joie à la vue des braves enfans du pays qui avoient donné un si noble exemple de constance et de fidélité pour le Roi.

Tout y fut tenu en ordre; les factieux et les soldats arrivant de l'armée du nord y furent contenus; les gendarmes à cheval renvoyés dans leurs brigades respectives; les fédérés désarmés. Les villes qui n'étoient point encore soumises furent occupées par un détachement, et par un commandant, envoyés par le général d'Ambrugeac.

Le préfet du Roi fit son entrée le surlendemain, aussitôt qu'il eut reçu l'ordre du gouvernement, et fut reçu aux acclamations universelles.

Les royalistes observèrent une discipline digne de la troupe la plus régulière, et la ville du Mans, tenue dans le plus parfait ordre, et étonnée du petit nombre de ces braves qui avoient occupé, depuis le 16 mai, tant d'ennemis, et avec tant de succès, ne crut mieux exprimer sa reconnoissance, et celle du pays, qu'en décernant au général d'Ambrugeac une épée d'honneur, avec cette inscription : « Le Mans reconnoissant, au général comte d'Ambrugeac. » Elle en donna une semblable au général Tranquille, qui l'avoit secondé avec tant de zèle, et qui l'a méritée par son ancien et constant dévouement à la cause royale.

Epées d'honneur données par la ville du Mans.

Résumé des opérations et de la conduite de l'armée de la Sarthe.

Ainsi finit cette campagne, où toutes les marches et mouvemens furent réguliers ; aucune violence, aucun excès, aucune vengeance, n'eurent lieu hors des combats. Le gouvernement usurpateur ne put lever, dans ces provinces, ni hommes ni argent. Cette petite armée, payée, habillée, régulièrement, et disciplinée comme des troupes de ligne, et toujours en mouvement au milieu de l'ennemi, resta constamment rassemblée, drapeau déployé, et tambour battant, occupant les villes et les bourgs, ce qui étoit inusité dans les guerres précédentes; et elle n'eut que des succès, sans éprouver aucun revers, quoiqu'en nombre inférieur aux ennemis.

Elle étoit forte de six divisions, dont deux seulement ont été levées; ce qui peut être évalué à douze cents hommes, dont le général conserva près de lui cinq cents hommes d'élite. Après la convention militaire du 1er juillet, les offres du pays entier et des villes, en cas de reprise des hostilités, portèrent à cinq mille hommes le nombre des volontaires armés prêts à joindre le général d'Ambrugeac.

La presque totalité du département de la Sarthe a bien mérité du Roi, par sa fidélité; mais principalement les villes de Brulon et de Valon; les bourgs de Mezerai, Courcelles, Saint-Jean-de-la-Motte et Viré; les cantons de Brulon et de Valon.

La ville du Mans, contenue par des forces supérieures, n'a cessé de manifester les sentimens de fidélité pour le Roi.

Les pays de la frontière, depuis Briolay; entre le Loir et la Sarthe, jusqu'à la Flèche et Sablé, ont été les premiers levés autour du général d'Ambrugeac, et méritent tout éloge par leur caractère religieux et dévoué au Roi.

Le 21 juillet, l'avant-garde prussienne, forte de huit cents hussards, étant entrée au Mans, avec ordre de désarmer, comme ailleurs, la garde nationale, le général s'y opposa, en faisant valoir son droit de conquête pour le Roi. Le général prussien, par une réponse écrite et officielle, reconnut ce droit, et le désarmement n'eut pas lieu.

Le 23, le comte d'Ambrugeac, reçut des principaux habitans du pays et du préfet (*pièce n.o XXII*) à l'invitation de se rendre à Paris, pour y faire valoir les droits qu'avoient ces provinces, à ne pas être traitées comme ennemise par les alliés de la cause royale.

Il partit le 24, et se rendit à Paris. Son premier soin, en y arrivant, fut de demander au Roi la permission de faire à S. M. prussienne les représentations nécesssaires.

Le Roi, dans sa bonté, et dans sa sollicitude pour la province du Maine, le lui permit. Heureux de l'idée, qu'ainsi autorisé par son Roi, et ayant obtenu une audience du roi de

Prusse, il pouvoit réussir à obtenir des étrangers que le Maine seroit considéré comme ne pouvant supporter les charges d'une guerre à laquelle il avoit contribué, il se disposoit à suivre cette importante affaire; mais il en fut aussitôt empêché, parce que d'autres députés arrivèrent, et qu'il fut entièrement séparé de ce pays, par un ordre du ministre de la guerre, en date du 21 juillet, qui lui enjoignoit de se rendre à Paris, et de remettre sa troupe au général Girard qui commandoit au Mans le 19 mars. (*Voyez Pièce n°. XXIII.*)

Le général Tranquille ayant accompagné le comte d'Ambrugeac, le commandement resta à M. de Maussabré; l'armée sous ses ordres conserva le même esprit de discipline et de dévouement, et continua d'être utile au Mans, à la Flèche, la Ferté-Bernard, au Lude, Château-du-Loir, et à Mamers.

Adresse au Roi.

Les officiers, sous-officiers et soldats, au nom de tous leurs camarades, firent à SA MAJESTÉ, le 31 juillet, l'adresse *Pièce n°. XXIV.*

Le 9 juillet, les députés du Maine réunis à MM. Darlange et de Gastines envoyés par l'armée royale, présentèrent au Roi l'hommage de la fidélité de la province et de ses braves défenseurs, dans une adresse insérée dans le Moniteur.

Le 5 septembre cette brave armée fut licenciée, et envoyée en partie dans les cantonnemens de l'armée de la Loire.

La liste des officiers et des volontaires qui ont été tués ou blessés dans cette courte mais glorieuse campagne du Maine, a été donnée au Gouvernement, ainsi que l'état des officiers et des volontaires qui se sont particulièrement distingués. Le général d'Ambrugeac se fera un devoir de reproduire les divers états qui constatent les justes droits que ces braves royalistes ont acquis à la bienveillance de Sa Majesté.

Il est heureux de pouvoir citer encore, à l'appui de leur honorable conduite, les rapports qui ont été faits par le préfet et le commandant militaire de la Sarthe, aux ministres de S. M., dans le mois de février dernier; ils ne laissent aucun doute sur les services que cette petite armée a rendus à la cause royale: elle est représentée dans ses rapports officiels comme ayant conservé intact l'honneur des armes du Roi, et sans éprouver un seul revers au milieu des forces supérieures dont elle étoit entourée.

PIÈCES

CONTENUES DANS LE MÉMOIRE.

N.° I.

En vertu des pouvoirs que nous a donnés S. A. S. Monseigneur le duc de Bourbon, nous, maréchal des camps et armées du Roi, ordonnons à M. le comte Vallon d'Ambrugeac, maréchal des camps et armées du Roi, de prendre le commandement de la Sarthe, et pays circonvoisins, de l'organiser pour le service du Roi, d'y placer les officiers qu'il jugera le plus dignes de commander, et d'employer tous ses moyens pour arracher les pays qui lui sont confiés, aux ennemis du Roi.

Ce 16 mai 1815.

Signé le chevalier D'ANDIGNÉ,
Maréchal-de-camp.

N.° II.

Proclamation. (Voyez page 15.)

N.° III.

Adresse à Monsieur le comte d'Ambrugeac, maréchal-de-camp, commandant le département de la Sarthe, par les maire, adjoints et membres du conseil-municipal de la ville du Lude, arrondissement de la Flèche, département de la Sarthe.

Monsieur le Comte,

La trahison la plus lâche avoit forcé le Roi à quitter ses Etats. Cet horrible événement avoit couvert la France d'affliction et de deuil. La discorde, à l'œil farouche, au regard menaçant, au teint pâle et livide, agitoit ses torches ensanglantées, et faisoit égorger des Français. La guerre civile étendoit partout ses ravages, le règne de la terreur s'organisoit, et exposoit la patrie aux fureurs d'une révolution nouvelle. Notre département a été préservé de ce fléau désolateur. C'est à l'énergie de la brave armée que vous commandez, M. le comte, qu'il doit ce bienfait. La ville du Lude vous a une obligation plus particulière. Vous êtes entré dans ses murs, non avec les dispositions d'un conquérant qui pouvoit user des droits qu'attribue la victoire, non avec une âme ulcérée et respirant la vengeance que l'égarement de quelques citoyens sembloit rendre naturelle, mais avec des sentimens de clémence et de douceur. Par cette conduite généreuse vous avez préparé tous les cœurs à goûter le bonheur que fait naître son heureux retour. La paix est rétablie parmi nous. La sagesse, le dévouement et le zèle du commandant que vous nous avez donné contribueront à la maintenir. Puisse le ciel, M. le comte, bénir vos destinées, et vous protéger dans la carrière militaire que vous parcourez avec tant de gloire!

A la mairie du Lude, le 17 août 1815.

(*Suivent les signatures.*)

N.° IV.

Lettre de M. le chevalier de Marescot, Inspecteur des gardes nationales du Vendômois, au général d'Ambrugeac.

Monsieur le Général,

C'est au nom des royalistes et des gentilshommes du Vendômois, que j'ai l'honneur de répondre à la lettre que vous m'avez adressée en date du 16 de ce mois; si, comme le porte votre lettre, l'affaire en question n'est pas de nature à être communiquée par écrit dans toute son étendue, vous ne pouvez vous refuser, M. le général, à me donner un extrait des articles qui concernent les royalistes et les gentilshommes du Vendômois; ils m'ont chargé expressément de vous faire cette demande.

Ils n'étoient point prêts à partir le 4 juin dernier pour combattre les ennemis du Roi, ainsi que le dit votre lettre du 16; mais ils eussent été sur pied le 4 juillet en vertu des seuls ordres que j'en ai reçus, en date du 25 juin ; et, par une autre lettre du 2 juillet, je n'ai pas dû bouger.

Vous me dites aussi, M. le général, avoir vu au Mans, M. Guyot de la Poterie, le 17 juillet, avec l'intention de rejoindre l'armée de sa personne seulement, n'ayant ni hommes ni troupes à y amener. Cela paroît étonnant, puisque le 10 juillet, M. de la Poterie m'écrit que le Roi est entré à Paris, et que tout est fini.

Je sollicite de vous, M. le général, une réponse très-prompte, afin de mettre mes compatriotes à même de découvrir les imposteurs, et de les poursuivre comme ils le méritent.

Agréez, je vous prie, l'assurance des sentimens, de la considération respectueuse, etc. etc.

Signé le chevalier DE MARESCOT,

Chevalier de Saint-Louis et de la Légion-d'Honneur, Inspecteur des gardes nationales du Vendômois.

N.° V.

Lettre de M. Pasquier. (Voyez page 18.)

N.° VI et VII.

Idem. (Voyez page 19.)

N.° VIII.

Idem. (Voyez page 20.)

N.° IX.

Lettre du maréchal Davoust, ministre de la guerre de Buonaparte, au général Lamarque, commandant en chef les troupes contre l'armée de l'Ouest.

Paris, le 7 juin 1815.

Monsieur le général, après avoir conféré avec M. le duc d'Otrante, sur l'objet de votre lettre du 5 de ce mois, et après avoir pris les ordres de l'empereur, nous vous autorisons à signer une pacification pour les départemens de l'Ouest, sur les bases suivantes :

Art. 1er. Amnistie pleine et entière et sans réserve pour le passé.

2. Il sera libre à M. de la Rochejacquelin d'habiter la France, ou de passer à l'étranger, et de vendre ses propriétés.

3. Les décrets rendus contre M. d'Andigné sont rapportés. Il lui est accordé la même latitude qu'à M. de la Rochejacquelin.

4. MM. d'Autichamps, Suzannet, Sapineau, et tous les autres chefs, pourront habiter telle commune qu'ils voudront, dans toute l'étendue de l'empire, en donnant leur parole d'honneur d'y être tranquilles, et de n'employer leur influence que pour le maintien de la paix.

En traitant avec des Français, qui dans leurs erreurs

même ont montré une loyauté constante, toute défiance seroit injurieuse.

5. Tous les individus arrêtés par suite de l'insurrection, seront mis en liberté, notamment M. de Boisgui.

6. Il n'y aura aucune levée, aucun appel aux anciens militaires, dans le courant de cette année 1815.

On ne pourra employer les habitans qu'à la garde de leur propre département.

7. L'empereur s'engage à demander et à obtenir des chambres un dégrèvement pour les impositions de 1815.

8. Les individus qui ont des talens, et le désir de servir la patrie et l'empereur, seront admis aux places, aux mêmes conditions que tous les citoyens français.

9. L'empereur voulant reconnoître les services de ceux qui dans cette circonstance contribuent à la pacification d'une contrée livrée à tous les malheurs d'une guerre civile, a autorisé ses ministres de la guerre et de la police à lui présenter un rapport sur les récompenses et pensions à accorder.

10. Immédiatement après la signature de la pacification, il sera envoyé des officiers pour la faire connoître, et y proclamer les loi et actes du gouvernement.

11. L'empereur s'en rapporte à la loyauté des signataires de la présente pacification, pour la remise des armes et des munitions qui ont été débarquées sur nos côtes.

Signé le maréchal prince D'ECKMUHL.

N.° X.

Lettre du général Lamarque, au général Sapinau.

21 juin 1815.

MM. de Malartic, Flavigny et de la Béraudière doivent être en ce moment auprès de vous, porteurs des propositions faites par le gouvernement.

Ils m'ont assuré que, malgré la différence de nos opinions, vous conserviez le cœur français, et que vous n'étiez pas insensible aux malheurs dont ce pays est le théâtre. C'est du champ de bataille de Roche-Servière, où il n'a été versé que du sang français, que je vous écrit, et je ne vous offrirai que des conditions que l'honneur peut avouer, et qui concilient vos intérêts et ceux de la patrie.

Il est possible qu'on vous trompe sur les événemens. Une dépêche télégraphique, transmise par le général Charpentier, m'annonce que l'empereur a remporté une victoire complète sur les armées de Wellington et de Blucher.

Je désire, Monsieur, avoir une prompte réponse, et savoir votre façon de penser sur ma proposition, qui est la dernière de ce genre que je crois pouvoir me permettre.

Signé LAMARQUE.

N.° XI.

Lettre de M. le chevalier d'Andigné. (Voyez page 35.)

N.° XII.

Idem. (Voyez page 39.)

N.° XIII et XIV.

Lettre de M. Pion, major de la division Bernard. (Voyez page 41.)

N.° XV.

Idem. (Voyez page 42.)

N.° XVI.

Les officiers de la division de l'armée royale du département de la Sarthe, etc., réunis aujourd'hui dans le bourg de Mezerai, au général commandant ladite division.

Général,

Les officiers sous vos ordres, saisissent le moment pour vous exprimer combien ils se trouvent heureux de combattre sous le commandement d'un général, qui, dans des circonstances aussi difficiles et aussi périlleuses, a déployé des talens qui ont mis la division, non seulement, à l'abri de tous les dangers, mais qui l'ont conduite trois fois à la victoire.

Acceptez, général, le tribut de notre reconnoissance; vous nous avez prouvé, que non seulement vous saviez braver les dangers, mais que vous saviez également partager nos fatigues.

Vous trouverez toujours en nous, général, des fidèles royalistes, qui se feront un véritable plaisir de servir sous vos ordres, et nous osons le dire, un honneur de vous suivre partout où vous nous conduirez; vos intentions sont pures, notre dévouement est sans bornes.

Nous combattrons partout l'ennemi qui osera nous attaquer, et partout nous chercherons à déjouer l'intrigue qui auroit la bassesse de vouloir entraver vos opérations.

9 juin 1815.

(Suivent les signatures de tous les officiers.)

N.° XVII.

Lettre du maréchal-de-camp, Mocquery, au général d'Ambrugeac, reçue le 30 juin.

Au Mans, le 28 juin 1815.

Général,

Je suis chargé par M. le lieutenant-général Hamelinaye, commandant la 22e division militaire, de vous transmettre copie certifiée de la lettre ci-jointe, écrite par M. de Sapineau, commandant les Vendéens, à

M. le lieutenant-général Lamarque, commandant en chef l'armée de la Loire.

M. le lieutenant-général Hamelinaye, en m'ordonnant cette commutation, me mande qu'il apprend par une lettre du même général en chef, datée de Cholet, le 26 juin, que les chefs insurgés ont, le 24, accepté un armistice pour négocier la paix.

Il ajoute que la pacification qui se traite s'étend au département de la Sarthe, parce qu'il faut que le sang français cesse de couler.

Je m'empresse de vous adresser ces détails, et vous invite à me faire connoître vos intentions sur les dispositions dont il s'agit, et qui, si elles sont adoptées, peuvent mettre un terme à nos dissensions civiles.

J'ai l'honneur d'être, etc.

Signé le maréchal-de-camp, MOCQUERY.

Lettre du général Mocquery au général d'Ambrugeac, 30 juin.

Général,

J'ai l'honneur de vous envoyer deux pièces officielles que nous venons de recevoir, M. le préfet et moi. Ces pièces nous annoncent que la pacification de la Vendée a été ratifiée le 28, par M. de Sapineau, général en chef des Vendéens; vous avez, par ma première lettre, vu que l'armistice et la pacification pouvoient, si vous y consentiez, s'étendre à ce département. Les conditions m'en paroissent très-simples; elles doivent être les mêmes que celles stipulées pour la Vendée, et qui, dès-lors, s'appliqueroient entièrement à ce pays.

La conférence peut avoir lieu demain, à Coulans, chez M. Pasquier, à deux heures après-midi. Nous nous y rendrons, d'un côté, M. le préfet Lagarde et moi, avec six cavaliers, sans autre suite, et un aide-de-camp; vous y viendrez de votre côté avec le même nombre. Entre Français, je suis sûr que nous n'aurons pas besoin d'autre garantie que de notre parole d'honneur nous servant de sauve-garde mutuelle.

Par le désir d'arrêter toute effusion de sang français, j'ai donné l'ordre à la plupart de mes troupes de prendre poste, et de leur enjoindre seulement de se garder militairement dans les lieux que je leur ai assignés. Cette considération me fait souhaiter le plus prompt rapprochement pour éviter toute espèce de rencontre fâcheuse, et les malheurs qui s'en suivroient.

J'ai l'honneur, etc.

Signé le général MOCQUERY.

N.° XVIII.

Journal des délibérations du conseil de guerre de l'armée royale de la Sarthe.

Séance du 29 juin.

Monsieur le comte d'Ambrugeac commandant de l'armée royale de la Sarthe, a dit :

« Messieurs! J'ai à vous communiquer plusieurs
» lettres importantes, signées de M. le chevalier d'An-
» digné, général en chef, et de M. Pion. J'ai fortement
» à me plaindre; mais les intérêts particuliers dispa-
» roissent lorsqu'il s'agit des intérêts du Roi et de

» votre sûreté personnelle. Vous verrez à quel point
» elle étoit compromise.

» M. d'Andigné m'avoit donné l'ordre le 16 juin de
» m'approcher de lui; j'étois à Maigre, lui à Torigné.
» J'obéis, et me portai sur Saint-Ouen, après l'avoir
» instruit que je ferai jonction à Brulon le 17, à cinq
» heures du soir. Ne le trouvant pas, j'ai envoyé des
» correspondans sûrs à Torigné et autres villages; on
» ne trouva aucune des traces de M. d'Andigné; j'en-
» voyai le chevalier de Gastines et le capitaine Du-
» taillis, ils ne purent en découvrir de nouvelles.

» Le mouvement des ennemis s'opéroit contre nous
» pendant ce temps, tant de Sainte-Suzanne que du
» Mans; le même jour que M. d'Andigné m'écrivoit
» qu'il m'attendoit à Torigné, il écrivoit à M. de la
» Poterie, de Chenille, sous la date du 16, la lettre
» ci-jointe, par laquelle il le prévenoit qu'il étoit en
» pourparler politique, et en arrangement avec le
» gouvernement de Buonaparte.

» Il me fut pénible, et il m'est encore impossible
» de croire que M. d'Andigné ait pu avoir de mauvais
» desseins, tant relatifs à moi qu'à la cause royale.

» Mais le fait est que si j'avois tardé d'un seul jour
» de passer la Sarthe à Noyen, le corps que je com-
» mande eût été en danger, et vous savez, Messieurs,
» avec quelle constance j'ai été suivi dans mes marches
» jusqu'à Saint-Jean-de-la-Motte, et dans toutes les fo-
» rêts, par les ennemis de ce département; je n'en ai
» été délivré que par l'expédition de Jupille, qui a été
» rapide et secrète; enfin j'ai repassé la Sarthe; j'y
» trouvai encore les ennemis à notre poursuite; je

» les évitai de nouveau à raison de leurs forces et des » circonstances politiques, par une marche forcée et » une contre-marche sur Viré. Pendant cet inter- » valle, où les forces ennemies etoient contre nous, » la frontière et les troupes royales de l'Ouest de la » Sarthe étoient tranquilles.

» J'ai eu le chagrin à mon arrivée à Viré, d'ap- » prendre, ainsi que vous, que pendant que nous » étions tous en danger, et que mes camarades et mes » soldats me donnoient tant de preuves de dévouement » et d'attachement, on écrivoit à leur famille des » lettres perfides contre moi.

» On leur disoit que je devois les livrer à l'ennemi.

» Chacun de vous, Messieurs, connoît les tenta- » tives qui ont été faites pour empêcher que la levée » en faveur du Roi eût lieu; mais ce qu'il y a de » plus extraordinaire, c'est que des ordres ont été » donnés à d'autres corps royalistes d'éviter de s'ap- » procher de celui-ci, et vous avez sur ce point en- » tendu la déposition de M. le major Bonnecause et » autres. Voilà, Messieurs, l'extraordinaire position » où vous étiez; au milieu des marches et opérations » ennemies, qui en dernier lieu étoient réunies contre » vous, au nombre de près de trois mille hommes de » troupes de ligne, sans compter les réfugiés et les » gardes nationales, et que nous avons combattu, fa- » tigué, harcelé..... par des marches exécutées avec » art et avec la confiance absolue du soldat, à qui » vous avez donné vous-même un si noble exemple.

» Nous avons été victorieux dans six affaires dans » lesquelles nous n'avons perdu que quelques hommes

» et quelques blessés, dont huit sont déjà rentrés dans » vos rangs : que n'eussiez-vous pas fait si vous eussiez » été nombreux et soutenus, puisqu'en dernier lieu, » avec cinq cents hommes vous avez fait une diver- » sion, vous avez attiré l'attention des ennemis, em- » ployé leurs forces, exécuté les ordres du Roi pour » lequel vous êtes armés, et paralysé tous les moyens » que le gouvernement usurpateur pouvoit tirer de » ces pays-ci ?

» Je crois utile pour les intérêts du Roi, juste pour » notre gloire, et digne de votre dévouement pour » Sa Majesté, de déposer ici les lettres ci-jointes, » afin que vous en constatiez l'authenticité, et que » vous preniez telles mesures qu'il vous plaira pour » les preuves de toutes chances de guerre, afin de les » représenter quand il le faudra.

» Je vous prie même de décider si en vertu de ces » trames odieuses, il n'est pas utile pour la cause du » Roi, que je dépose le commandement en d'autres » mains. J'espérai ainsi réduire au Mans les malveil- » lans qui seront obligés au moins de chercher d'autres » moyens que la calomnie contre moi, et je me ferai » un honneur d'achever de payer mon tribut de fidé- » lité à mon Roi, en marchant comme volontaire à » la tête des grenadiers. Heureux, après avoir partagé » vos travaux, vos dangers et vos fatigues, de con- » tinuer ainsi la guerre au milieu de vous ! »

Le conseil de guerre de l'armée royale de la Sarthe, ayant entendu le rapport de M. le général-comman- dant, et M. le comte d'Ambrugeac s'étant retiré, le conseil a délibéré sur les faits qui lui ont été présentés, sur lesquels il avoit déjà eu des renseignemens particuliers, et après avoir aussi entendu la déclaration ci-jointe de M. le major Leroy, il a réduit à deux points principaux les faits dont il s'agit dans le rapport de M. le comte d'Ambrugeac.

1°. Est-il plus dangereux qu'utile que M. le comte d'Ambrugeac se démette du commandement de l'armée momentanément ?

2°. M. le comte d'Ambrugeac ayant proposé de remettre au conseil les lettres et autres pièces relatives à l'affaire dont il a instruit, afin de les reproduire en temps utile.

Le conseil ayant mis aux voix la première question, il a été répondu à l'unanimité :

1°. Que M. le comte d'Ambrugeac ne doit ni ne peut se démettre du commandement en chef, parce que les intérêts de la cause royale en seroient blessés ;

2°. Parce que M. le comte d'Ambrugeac a acquis toute la confiance de ses officiers et de toute son armée, par ses talens militaires, sa loyauté et son dévouement.

Le conseil ayant aussi mis en délibération la deuxième question, il a été convenu à l'unanimité que les lettres, et autres papiers remis par M. le comte d'Ambrugeac, seront déposés aux archives du conseil ; que lesdits papiers seront revêtus de la signature de M. le président du conseil, et de quatre de ses membres, pour constater l'identité de leur existence et de leur entière inviolabilité ; et qui ne seront remis à M. le comte d'Ambrugeac que lorsque des circonstances supérieures lui feront un devoir de donner à cette affaire toutes les suites qu'exigeront les ordres du Roi.

M. le président demande que la déclaration de M. le major Leroy soit insérée au procès-verbal.

Adopté.

Déclaration de M. le major Leroy.

Ayant été envoyé par M. le général commandant, à M. le chef de bataillon Tancrède, pour lui donner l'ordre de se réunir à nous avec ses troupes, le chef de bataillon Tancrède a répondu qu'il ne pouvoit obtempérer à l'ordre de M. le comte d'Ambrugeac; 1°. parce que ses troupes n'étoient pas réunies; 2°. parce qu'il avoit des ordres contraires à cette réunion, transmis par le chef de bataillon M. Gaulier, venant de M. le chevalier d'Andigné; lesquels ordres on supposoit venir de Mgr le duc de Bourbon.

En foi de quoi j'ai signé la présente déclaration.

Au château de Viré, les jour et an que dessus.

(*Suivent les signatures* .

Du château de Viré.

Séance du 30 *juin* 1815.

Les mêmes membres présens, et lecture du procès-verbal de la précédente séance ayant été faite;

M. le comte d'Ambrugeac, commandant en chef les royalistes du département de la Sarthe, ayant fait part au conseil d'une dépêche du général Mocquery, maréchal-de-camp, commandant des troupes dans le département de la Sarthe, à l'effet de proposer une suspension d'hostilités entre les troupes royales et celles du gouvernement de Buonaparte, le général comte d'Ambrugeac propose la réponse suivante à M. le général Mocquery, maréchal-de-camp :

Général,

J'ai reçu votre lettre du 29 courant, dont j'avois déjà eu un duplicata de M. le commandant de vos troupes à Sablé. Je vous envoie vos deux estafettes accompagnées de mes deux aides-de-camp, qui me rapporteront votre réponse.

Je crois utile d'avoir avec vous une conférence qui puisse expliquer l'objet de votre communication, dont le but sans doute est très-important. En attendant, je viens d'ordonner une mesure militaire, que sans doute vous aurez prise de votre côté.

J'ai donné l'ordre à tous corps, détachemens de troupes dans mon commandement dans le département de la Sarthe, de suspendre toute marche jusqu'au résultat de la conférence. Dans le cas où vous n'auriez pas pris cette mesure, je vous prie, général, de donner par écrit des ordres en conséquence.

Je crois devoir vous prévenir, général, que je me rends aujourd'hui à Brulon pour y être selon les dispositions que je vous manifeste dans ma lettre.

J'ai décidé, par mesure de prudence, que mes

deux aides-de-camp s'arrêteront à une demi-lieue du Mans, pour y attendre votre réponse.

A Viré, les jour et mois que dessus.

Brulon.

Même séance du 30 juin 1815.

M. le comte d'Ambrugeac ayant exposé que le prétendu traité qui auroit pu être signé dans la Vendée, ne peut et ne doit servir de règle pour le corps qu'il a l'honneur de commander, et parce que ledit traité ne peut être expliqué que par des circonstances malheureuses dont il n'a pas connoissance,

Le conseil a décidé que M. le comte d'Ambrugeac se rendroit à la conférence, et feroit une suspension d'armes pure et simple, ayant pour but d'attendre en sûreté, vu les forces de l'ennemi et la stagnation des autres corps royalistes, les nouvelles de Paris, sauf dans les quarante-huit heures à reprendre les armes si les cas l'exigent.

Au quartier-général de Brulon.

(*Signé*) M. le maréchal-de-camp, commandant en chef, comte D'AMBRUGEAC; le général TRANQUILLE, maréchal-de-camp; DE MAUSSABRÉ, colonel; DE MAURAND, colonel; DE LA FONTAINE, colonel; DE SOURDON, major; DARLANGE, colonel; J. DE GASTINES, major; BRILLON, major; SIMON, major; LEROY, major; DONCY, major; DE TILLY, chef de bataillon; BIGNON, chef d'escadron; SAINTE-CROIX, chef d'escadron; DE BRET, chef d'escadron; GUERY, chef de bataillon ; **Morin** (François), chef de bataillon ; **Bellefin**, chef de bataillon ; **Luxembourg**, capitaine ; **Leroux**, secrétaire, commissaire des guerres, adjoint.

N.° XIX.

Lettre de M. le chevalier d'Andigné, au comte d'Ambrugeac.

4 juillet 1815.

Monsieur le comte,

Le traité des Vendéens m'a attiré de vives sollicitations des généraux commandant dans les provinces où j'ai reçu des pouvoirs d'y adhérer; j'ai cru répondre aux vœux de tous ceux qui ont bien voulu s'unir à mon sort, en me refusant à tous, à cet instant où il ne me sembloit pas décent de traiter avec un gouvernement qui n'existoit plus, et de renoncer au Roi, au moment où il rentroit dans ses droits. Je leur ai déclaré du reste qu'ils seroient responsables, vis-à-vis du Roi de la moindre hostilité qu'ils commettroient, et que je regarderois telle, l'entrée d'une colonne sur mon territoire, et que dans ce cas je l'attaquerai sans balancer. D'après cela, M. le comte, je vous prie de vouloir bien ne commettre aucune hostilité, si l'on n'en commet pas envers vous; mais en même temps je vous engage à vous tenir sur vos gardes, jusqu'à ce que les ordres du Roi soient reconnus partout. Oserois je vous prier de donner avis de [illegible] à M. G. de la Poterie, avec lequel, j'espère, vous [illegible] conservé des relations.

J'ai l'honneur d'être avec une considération distinguée, etc.

Signé le chevalier D'ANDIGNÉ.

N.° XX.

Le Préfet du Mans au général d'Ambrugeac.

Coulans, le 10 juillet.

Monsieur le comte,

Je partage bien sincèrement votre douleur au sujet de la conduite des troupes cantonnées dans ce département ; leur aveuglement pour ces tyrans doit incessamment cesser ; ils suivront l'exemple de l'armée française, et bientôt tous les bons et fidèles Sarthois pourront faire éclater hautement leur sentiment de respect et d'amour pour notre Roi, sans craindre de l'affliger encore par les malheurs d'une guerre entre Français.

Ce département doit à votre courage et à celui des troupes sous vos ordres, l'honneur d'avoir... aux ordres de Buonaparte ; il attend de votre prudence, de votre dévouement, de nouveaux sacrifices. Vous avez glorieusement porté les armes contre les troupes de Buonaparte ; il ne vous reste aujourd'hui qu'à attendre, dans une attitude imposante pour les factieux, les ordres qu'il plaira au Roi de vous donner ; et je les ai sollicités par deux envoyés partis cette nuit pour Paris.

Jusqu'à ce que le ministre chargé de l'exécution de l'ordonnance du Roi, au ujet de la rentrée en fonctions des fonctionnaires civils, ait notifié ses ordres à M. de Lagarde et à moi, je ne puis encore exercer une administration dont je n'ai pas les rênes. Aussitôt que je serai installé préfet de ce département, ce qui, j'espère, sera dans un ou deux jours, je prendrai toutes les mesures nécessaires pour faire respecter partout l'autorité du Roi, et il me sera facile de faire exécuter les ordonnances du père des peuples. Jusque-là, M. le comte, je ne puis que vous inviter instamment à maintenir, comme vous l'avez toujours fait, vos troupes dans la plus exacte discipline. Les ordres souverains du Roi ne pourront tarder à vous parvenir. J'espère que vous et les vôtres seront honorablement récompensés de vos nobles sacrifices, et déjà ce département vous a accordé la plus douce récompense par son estime et sa confiance en votre bravoure et en votre sagesse.

La proclamation et les ordres du Roi sont adressés par les soins de MM. Lagarde et Mocquery ; ils pouvoient sans doute mieux faire, mais vous ne pouniez rien exiger de plus, sans troubler ce département. Ce motif est trop puissant pour ne pas vous décider à attendre les ordres ultérieurs de S. M. J'espère que vous ne doutez pas de mon désir de contribuer à vous faire rendre justice pour votre bonne conduite et vos bonnes intentions.

J'ai l'honneur d'être, etc.

Le préfet de la Sarthe, *signé* PASQUIER.

N.° XXI.

Lettre de Messieurs Lagarde et Mocquery au général d'Ambrugeac.

Le Mans, 11 juillet 1815.

Général,

Notre réponse à la lettre que vous nous avez fait l'honneur de nous adresser, est dans la publication et les pièces dont vous trouverez ci-joint quelques exemplaires imprimés.

Ces pièces étoient déjà sous presse lorsque votre dépêche nous est hier arrivée.

Elles sont depuis ce matin publiées et placardées au Mans, et vont successivement l'être dans toutes les communes du département.

Nous remplirons les devoirs qui naissent pour nous du retour du Roi, comme nous avons rempli ceux qui nous lioient auparavant.

Nous justifierons en tout la confiance que S. M. daigneroit nous accorder.

Vous aurez remarqué que, par une conséquence nécessaire de l'ordonnance royale du 7 de ce mois, les militaires aujourd'hui employés sont conservés dans leurs attributions actuelles, puisque la révolution annoncée n'atteint que les fonctionnaires de l'ordre administratif et judiciaire.

Agréez, général, l'assurance de notre considération.

Le maréchal-de-camp commandant le département de la Sarthe, *signé* MOCQUERY.

Le Préfet de la Sarthe, *signé* P. LAGARDE.

N.° XXII.

Lettre du Préfet du Roi au général d'Ambrugeac.

Le Mans, 23 juillet 1815.

Monsieur le comte,

Les principaux habitans de ce département, réunis chez moi, m'ont témoigné le desir de vous prendre pour leur interprète, afin d'exposer la situation où ils se trouvent, par la présence des troupes alliées, et par les réquisitions énormes dont ils frappent ce département; ils attendent de vous avec confiance ce nouveau service, quoique j'aie fait connoître aux ministres de S. M. notre position ; je me réunis bien volontiers aux habitans pour vous prier de vous rendre incessamment à Paris, afin d'y faire valoir nos droits. J'espère que vous pourriez en même temps obtenir la récompense des services que votre corps a rendus par son courage et son dévouement au Roi.

J'ai l'honneur d'être, etc.

Le Préfet de la Sarthe, *signé* PASQUIER.

N.° XXIII.

Lettre de S. Exc. le Ministre de la Guerre au général d'Ambrugeac.

Paris, le 21 juillet 1815.

Général,

J'ai l'honneur de vous informer que, conformément aux intentions du Roi, M. le maréchal-de-camp Girard reçoit l'ordre de se rendre au Mans, pour reprendre le commandement du département de la Sarthe, dont il étoit pourvu au 20 mars dernier. Par suite de cette disposition, vous voudrez bien lui remettre le commandement des troupes qui sont sous vos ordres, et vous rendre à Paris où vous recevrez la destination à laquelle votre zèle et votre dévouement pour le service de S. M. vous donnent des droits.

Recevez, général, l'assurance de ma parfaite considération.

Le Ministre Secrétaire-d'Etat de la Guerre,

Pour le Ministre et par son ordre :

L'Inspecteur aux Revues, Chef de la 2e Division,

Signé ROSTAING.

N.° XXIV.

Adresse des Officiers et Soldats composant la division du comte d'Ambrugeac, commandant en chef le département de la Sarthe, et pays adjacens,

A SA MAJESTÉ LOUIS XVIII.

SIRE,

Un voile funèbre couvroit la France; sa belle étoile sembloit être éclipsée; la tyrannie, dans l'ombre, aiguisoit ses poignards; les échafauds, les proscriptions, le système de la terreur, dont le souvenir est si dégoûtant, enfin tous les malheurs alloient fondre sur nous; Buonaparte avoit creusé le précipice qui devoit nous engloutir...... Au milieu de ce naufrage politique et d'une trahison sans exemple, on redemandoit à grands cris le Père de la Patrie.

Les royalistes du département de la Sarthe, pendant cette lutte, ont suivi avec constance l'antique bannière des Rois; un général que nous nommons avec orgueil (le comte d'Ambrugeac) a dirigé, d'une manière au-dessus de tous éloges, l'élan de ces nobles insurgés; toujours avare du sang de ses soldats, il ne l'a fait couler que dans les circonstances impérieuses : continuellement aux prises avec un ennemi trois fois supérieur en nombre, des marches et contre-marches tantôt le deroboient à ses poursuites, tantôt le plaçoient sur ses derrières; toujours en mouvement, le comte d'Ambrugeac, général et soldat à la fois, dirigeoit toutes les manœuvres. Le premier au feu, on voyoit flotter sur sa tête un panache blanc; à ce signe, tous reconnoissoient leur général; le combat commençoit aux cris de *Vive Louis XVIII!* et finissoit de même. Toujours victorieux, le comte d'Ambrugeac avoit tellement excité la rage de ses ennemis, que des colonnes, composées de plusieurs milliers de soldats, s'étoient dirigées de toutes parts contre sa petite armée, qui, quelquefois manquant des choses les plus nécessaires, s'étoit accoutumée, à l'exemple de son général, aux privations en tous genres.

Les soldats de la division ont tous fait leur devoir; ils sollicitent, pour toute récompense, l'avantage d'être commandés à l'avenir par le comte d'Ambrugeac qui est, pour eux tous, ce qu'un père est à sa famille.

SIRE! en parlant de notre général, nous acquittons une dette bien chère à nos cœurs, celle de la reconnoissance......... Puissent nos foibles voix venir jusqu'à vous, et se faire entendre!....

SIRE! chassez les traîtres; ne réchauffez plus dans votre sein ces vipères. Quant à nous, fidèles à nos sermens, nous resterons armés pour défendre le trône et la dynastie des Bourbons, et nous jurons de combattre jusqu'à extinction les ennemis de notre Roi.

Au quartier-général, le Mans, 31 juillet 1815.

VIVE LOUIS XVIII!

(*Suivent les signatures, au nombre de deux cent quatre-vingts, pour tous leurs camarades ne sachant signer.*)

ERRATA.

Page 10, ligne 16, L'ennemi ; *lisez :* Le général.

Page 24, lignes 3 et 4, et apportés le 18 juin à la Vendée ; *lisez :* et apportés à la Vendée.

Page 29. ligne 12, le traité de pacification et amnistie, *lisez :* et d'amnistie.

Page 29. ligne 14, et qu'ils n'ont pas averti ; *lisez :* ils n'ont pas averti.

Page 30. ligne 12, excitée par ce noble exemple ; *lisez :* excitées par, etc.

Page 31. dernière ligne, mémorable campagne ; *lisez :* année mémorable.

Page 32 *bis*, ligne 28. les mêmes escadrons qu'il avoit mis en fuite ; *lisez :* qu'il mit alors en fuite.

Page 33 *bis*, ligne 6, il fut paralysé ; *lisez :* on fut paralysé.

Page 33 *bis*. ligne 8, ses moyens furent ; *lisez :* les moyens.

Page 44, après n° XVI, *mettez* une virgule.

Page 64, ligne 16, à l'invitation de se rendre ; *lisez :* l'invitation de se rendre.

Pag. 69, après ces mots : au général d'Ambrugeac, *ajoutez :* 21 août 1815.

Pag. 78, lig. 27 et 28, et ce dans toutes les forêts par les ennemis de ce département ; *lisez :* par toutes les forces dans ce département.

Pag. 80, lig. 20, au Mans ; *lisez :* au silence.

Pag. 81, lig. 28, et qui ne seront remis ; *lisez :* et qu'ils ne seront remis.

www.ingramcontent.com/pod-product-compliance
Lightning Source LLC
LaVergne TN
LVHW020406230826
846091LV00004B/1165
9782013245913